Mentor
Lektüre · Durchblick
Band 316

FRIEDRICH SCHILLER

Maria Stuart

Von Alexander Geist

Mentor Verlag München

Willkommen bei »Lektüre · Durchblick«!

Sie lesen gerade »Maria Stuart« im Deutschunterricht?

Dann finden Sie hier in knapper und verständlicher Form – oft auf besonders übersichtlichen Doppelseiten – genau die Informationen, die Sie jetzt brauchen.

Sie werden sehen: Wenn Sie sich mit diesem Hintergrund die »Maria Stuart« nochmals vornehmen, steht dem vollen Durchblick nichts im Wege. Denn je mehr Sie schon wissen, desto mehr entdecken Sie selbst im Text – und so macht Deutsch-Lektüre erst richtig Spaß!

Viel Erfolg!

Autor und Verlag

Alle Zitate nach:
Friedrich Schiller: Maria Stuart. Trauerspiel in fünf Aufzügen. Stuttgart 1990 (= Reclams Universal-Bibliothek Nr. 64)

Der Autor:
Alexander Geist, Gymnasiallehrer für Deutsch, Psychologie und Ethik, Staatlicher Schulpsychologe

Inhalt

Die Thematik

»Maria Stuart« veranschaulicht zentrale Ideen der Weimarer Klassik: die Bewahrung geistiger Freiheit, die Ablehnung von Rechtsbeugung und falschem Schein. Das Drama offenbart aber auch eine pessimistische Sicht der Geschichte und ein sehr bürgerliches Frauenbild.

»Maria Stuart« – ein Ideendrama der Weimarer Klassik

Wie kann der Mensch seine Freiheit und damit einen wesentlichen Bestandteil seines Mensch-Seins im Angesicht von inneren Zwängen bzw. Gewalt und Tod bewahren? Schiller stellt zwei Möglichkeiten vor:

- den Kampf gegen die Gewalt bzw. die Vernichtung anderer, um Probleme zu bewältigen: diese Methode versagt;
- die **Entwicklung geistiger Freiheit**, die Loslösung von körperlich-seelischen Bedürfnissen, der Gewaltverzicht: Dieser Weg ist immer gangbar und überdies der Natur des Menschen als eines geistigen Wesens angemessen.

»Maria Stuart« – Ausdruck bürgerlichen Weltverständnisses

Der Welt absolutistischer Fürstenhöfe – Kennzeichen: Intrigen, Rechtsbeugung, Konkurrenz, Egoismus – stellt Schiller die **Ideale von wahrhaftem (= für ihn bürgerlichem!) Leben** gegenüber: Ehrlichkeit, Treue, Menschlichkeit.

Geschichte wird – so Schiller – bestimmt vom egoistischen Verhalten der Großen; gesellschaftliche Bedingungen sind dabei bedeutungslos. Die **Welt** wird **erst gut** werden, **wenn die einzelnen Menschen gut** sind.

Frau-Sein und Königin-Sein schließen sich in den Augen Schillers **aus**; das Herrschen sei nämlich eine Aufgabe der Männer, Frauen seien ihr von ihrer Natur her nicht gewachsen.

Der Inhalt in Kürze

Das Drama schildert die letzten drei Tage im Leben der schottischen Königin Maria Stuart, politische Gefangene der englischen Königin Elisabeth. Im Mittelpunkt stehen die vergeblichen Versuche, sie zu retten, und die Motive und Methoden ihrer Gegner, die ihren Tod wünschen.

Seit mehreren Jahren lebt Maria Stuart in englischer Gefangenschaft. Sie floh aus Schottland, als ihre Lage unhaltbar wurde (u. a. beschuldigte man sie der Beihilfe zum Gattenmord), geriet aber bei Englands Königin Elisabeth vom Regen in die Traufe: Maria ist nämlich eine ernste Gefahr für Elisabeths Thronanspruch. Aufgrund falscher Beschuldigungen wird Maria schließlich zum Tode verurteilt.

Das Drama stellt die Kräfte dar, die entweder Marias Tötung betreiben oder die Schottin retten wollen. Auf der einen Seite stehen Elisabeths Kanzler Burleigh und heimlich auch sie selbst; teils arbeiten sie mit gesetzlichen Mitteln, teils mit ungesetzlichen (sie versuchen nämlich einen „Killer“ anzuheuern!). Andere streben danach, Maria durch juristische Argumente, Intrigen oder gewaltsame Befreiungsaktionen zu helfen: Diese Gruppe besteht aus Mitgliedern von Elisabeths Hof (Shrewsbury, Leicester) und einem hitzigen jungen Mann (Mortimer). Die Motive der genannten Personen reichen von Leidenschaft und Egoismus bis hin zu ehrwürdigen moralischen (und weniger ehrwürdigen machtpolitischen) Absichten. Dazwischen steht eine eitle, völlig unsichere und entscheidungsunfähige Elisabeth.

Die Kräfte begegnen einander in einem ständigen Wechselspiel; die Wende bringt schließlich ein dramatisch verlaufendes Gespräch zwischen den beiden Königinnen, das eigentlich eine Versöhnung hätte ermöglichen sollen. Maria stirbt heldenhaft und gefaßt, und die „Bösen“ des Stückes erreicht alle ihre gerechte Strafe.

Die Personen

Zwei Haupt- und vier Nebenfiguren tragen die Handlung, die zum Teil in Maria Stuarts Gefängnis (Schloß Fotheringhay), zum Teil in Elisabeths Westminster-Palast spielt. Die Beziehungen zwischen den Figuren sind v. a. durch Intrigen und Doppelspiel gekennzeichnet.

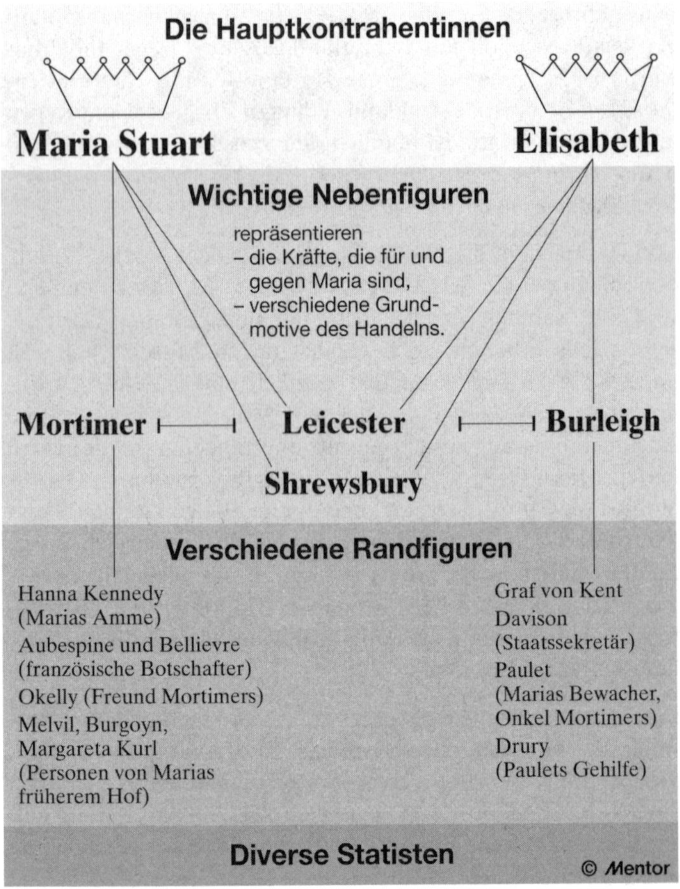

Schein und Wirklichkeit klaffen in diesem Stück häufig auseinander. Kaum einer ist wirklich das, was Mitspieler oder Zuschauer erwarten.

Elisabeth: Königin von England, durch die Thronansprüche Marias gefährdet, vom Leben verbittert und in ihrer Persönlichkeit verletzt; macht anderen und sich selbst viel vor; beherrscht das Spiel der Intrigen eigentlich gut, findet aber zwei Meister (Mortimer, Leicester).

Maria: ehemalige Königin von Schottland, nach ihrer Flucht von Elisabeth inhaftiert; hat ihr Leben voll ausgekostet und hängt nach wie vor an ihm; reift in der Gefangenschaft heran; zieht durch ihre sprichwörtliche Schönheit Männer in den Bann.

Burleigh: Elisabeths Regierungschef; steht voll auf ihrer Seite; will Marias Tod; vertritt das Prinzip der Staatsräson (zu tun ist, was dem Staate nützt); tritt meist offen auf, beherrscht aber auch das Intrigenspiel.

Shrewsbury (im Text auch **Talbot** genannt): Elisabeths Lordsiegelbewahrer; ein alter, vom Prinzip der Gerechtigkeit durchdrungener Mann; will Maria um des Rechts willen retten und aus demselben Grund von Elisabeth Schaden abwenden; absolut ehrlich; hat auch ein persönliches Motiv: ist von Marias Schönheit bezaubert.

Leicester: Hauptintrigant des Stückes, der aber am Schluß alles verliert; Vertreter des reinen Egoismus; offiziell Liebhaber Elisabeths, tatsächlich voller Haß auf sie (weil sie ihn nicht durch eine Heirat zum König machte) und darum angeblich in Maria verliebt.

Mortimer: offiziell Elisabeth-Anhänger und ihr Spion, tatsächlich Maria-Verehrer und Spion der Mächte, die sie retten wollen; beherrscht die Kunst der Verstellung, obgleich er sie an anderen kritisiert; vordergründig fanatischer Katholik, hintergründig leidenschaftlich-hitziger „Triebtäter“.

Geschichtlicher Hintergrund

Um die Handlung des Dramas besser zu verstehen und nicht ständig in den Anmerkungen der Textausgabe nachschauen zu müssen, ist es von Vorteil, sich zunächst die historischen Hintergründe klarzumachen.

Abb. links: Maria Stuart
Abb. rechts: Elisabeth I.

Maria galt als schönste Frau ihrer Zeit – Elisabeth als recht häßlich. Maria wurde als Königin geboren – Elisabeths Weg zur Krone war lang und hart. Maria war politisch immer erfolglos, verlor zwei Kronen, war ein Instrument in den Händen der Großmächte – Elisabeth war eine weitsichtige und erfolgreiche Politikerin und begründete Englands Aufstieg zur Weltmacht. Einzige Gemeinsamkeit: das Pech im Privatleben. Maria war dreimal unglücklich verheiratet, Elisabeth überhaupt nicht. All das ist wahrlich ein Stoff für Dramen!

Ein Kapitel Familiengeschichte ...
oder: Wer kriegt den „Job“ als Königin?

Bei dem Konflikt Maria – Elisabeth geht es zunächst einmal um den Anspruch auf den englischen Thron.

Beide Frauen haben einen gemeinsamen Vorfahren: den englischen König Heinrich VII., dessen Sohn, der berühmtberüchtigte Heinrich VIII., einen starken Hang zum weiblichen Geschlecht hatte – er brachte es auf sechs Ehefrauen! Da der Wechsel von einer zur nächsten nach katholischem und damit zu jener Zeit auch staatlichem Recht nicht so einfach war, tat er zweierlei: Zum einen löste er England vom Katholizismus (etwa zur Zeit von Luthers Reformation!) und gründete die anglikanische Staatskirche, die Ehescheidungen zuließ; zum anderen ließ er zwei seiner Ehefrauen unter Vorwänden den Prozeß machen und hinrichten.

Eine davon war Elisabeths Mutter Anna Boleyn; sie wurde 1536 wegen angeblichen Ehebruchs und Blutschande zum Tode verurteilt. Heinrich ließ Elisabeth für illegitim (unehelich) erklären – nach katholischem Verständnis war sie es jedoch ohnehin, weil sich Heinrich von seiner ersten Ehefrau, der Vorgängerin Anna Boleyns, einfach hatte scheiden lassen. Elisabeth verlor nun jeglichen Thronanspruch. Aber das Blatt wendete sich wieder: 1544 – der Vater lebte noch – erhielt sie durch Parlamentsbeschluß sowie später auch im Testament ihres Vaters ihren Herrschaftsanspruch zurück, und zwar als dritte einer Rangordnung. 1558 wurde sie schließlich Königin und blieb es bis zu ihrem Tode 1603.

In den Jahren bis zu ihrer Rehabilitierung lebte sie abseits vom Hofe, praktisch in der Verbannung und damit nicht ungefährdet; 1554 wurde sie noch einmal inhaftiert, weil sie im Verdacht stand, gegen ihre zu dieser Zeit herrschende Halbschwester Maria „die Blutige" ein Komplott geschmiedet zu haben. Doch auch später blieb Elisabeth gefährdet, denn die vielen Feinde, die sie hatte (die katholischen Kontinentalmächte Frankreich, Spanien, Rom und die von diesen unterstützte katholische Opposition in England), hörten nie auf, sie sowohl offen als auch heimlich zu verfolgen; nie konnte sie sich ihrer Existenz und ihrer Macht wirklich sicher sein, und die juristische Problematik ihrer Herkunft blieb ständig an ihr haften.

Ganz anders Marias Situation! Ihr Stammbaum war sozusagen lupenrein. Als legitime Urenkelin Heinrichs VII. hatte sie nach dynastischen Spielregeln eigentlich vor Elisabeth Anspruch auf den englischen Thron. Dies mußte sogar Elisabeth in dem sogenannten „Edinburgher Vertrag“ zwischen Frankreich, England und Schottland akzeptieren; ihr wurde aber zugestanden, so lange unangefochten zu regieren, wie sie lebte, und wenn sie Nachkommen hätte, würden diese sogar Vorrang vor Maria haben. Maria freilich erkannte den vor ihrer Königsherrschaft in Schottland geschlossenen Vertrag nie an (– nur in dem Drama tut sie es im 3. Akt!).

Natürlich ging es bei der ganzen Auseinandersetzung um mehr – mit Maria bzw. Elisabeth verbunden war ein riesiges, unentwirrbares Knäuel von Konflikten: konfessionelle (Reformation – Gegenreformation), außenpolitische (z. B. Kampf der europäischen Großmächte um die Vorherrschaft) und innenpolitische (Verschwörungen gegen Elisabeth).

Maria Stuart: Schönheit ohne Glück

1542 in Schottland geboren, wuchs Maria in Frankreich auf, dessen Thronfolger sie heiraten sollte. Das tat sie auch, aber ihr Mann starb, kaum gekrönt. Als 18jährige war sie also schon Witwe. So bliebt ihr nichts anderes übrig, als nach Schottland zu gehen und eben dort das Königsamt zu übernehmen (1561) – keine angenehme Aufgabe in einem Land, das sein Nachbar England gerne kassiert hätte, in dem der (starke und protestantische) Adel ständig mit dem (schwachen und katholischen) Königshaus im Clinch lag. 1565 heiratete sie ihren katholischen Vetter Darnley, was ihr großen Ärger beim protestantischen Adel einbrachte. Ärger bekam sie freilich auch mit ihrem übrigens wenig intelligenten Mann: Der stellte sich nämlich an die Spitze ausgerechnet einer Gruppe adelig-protestantischer Oppositioneller, wirkte bei der Ermordung von Marias Sekretär Rizzio mit, der beim Adel wegen seiner niedrigen Herkunft verhaßt war, kroch dann aber wieder reumütig zu ihr zurück. Wen wundert es, daß Maria sich 1566 dem Earl von Bothwell, einem richtigen „Macho“ zuwandte. Doch sollte sie wieder kein Glück mit einem Mann haben – 1567 wurde nämlich der Ehemann Darnley ermordet (mit 25 war sie zum zweitenmal Witwe!), und die Öffentlichkeit sah natürlich in Bothwell den Täter und in Maria die Mitwisserin – ob zu Recht, ist bis heute ungeklärt. Ein Prozeß gegen den Earl endete mit Freispruch (weil der offizielle Kläger nicht erschien!). Maria heiratete nun Bothwell – nicht ganz freiwillig, er soll sie nämlich durch Entführung und Vergewaltigung dazu gezwungen haben. Jetzt reichte es dem Adel endgültig: Maria wurde gefangengenommen, entkam, inszenierte einen Gegen-Aufstand, der jedoch mißlang, und floh schließlich nach England (eigentlich wollte sie nach Frankreich, aber man trieb kein seetüchtiges Schiff auf!).

Das war nun wenig klug: Elisabeth setzte sie nämlich gefangen und ließ sie nie wieder frei. 19 Jahre (1568–1587) währte die Gefangenschaft; mehrmals versuchte Maria, Elisabeth zu einem Treffen mit ihr zu bewegen, doch ohne Erfolg. Nach Aufdeckung einiger Verschwörungen gegen Elisabeth und zugunsten Marias erließ das Parlament 1585 den „Act for the Queen's Safety", der nicht nur den mit Strafe bedrohte, der Elisabeth töten wollte, sondern auch den, zu dessen Gunsten es geschah – eine eindeutig gegen die Stuart gerichtete Bestimmung!

Das letzte Kapitel in Marias Leben wurde eingeläutet, als 1586 die Verschwörung des jungen Babington aufflog. Sogleich wurde ein Verfahren gegen Maria eröffnet, das mit einem Todesurteil endete. Elisabeth war sich freilich sehr unsicher, versuchte (allerdings vergeblich), einen heimlichen Giftmord zu arrangieren; erst Anfang Februar 1587 unterzeichnete sie das Urteil – nach einer neuen, vermutlich vom englischen Geheimdienst selbst inszenierten Verschwörung –, legte sich aber hinsichtlich des Vollzugs nicht fest. Da nahm Burleigh die Sache in die Hand: Am 7.2. wurde das Urteil verkündet, am 8.2. Maria geköpft.

Lassen Sie sich überraschen, was Schiller aus diesem historischen Stoff gemacht hat!

Die Handlung

Mit Hilfe der folgenden ausführlichen Inhaltsangabe wird es Ihnen sicher gelingen, die sehr verwickelte, vielschichtige und oft nicht leicht nachvollziehbare Handlung zu verstehen (und z. B. für Prüfungszwecke zu behalten!).

I. Akt: Marias düsteres Los

I/1–4: Ein erster Blick auf Marias Situation

I/1: Paulet, Marias Bewacher, bricht im Rahmen einer Durchsuchung einen Schrank in Marias Zimmer auf; deren Amme Hanna Kennedy protestiert heftig. Noch bevor die schottische Königin auf der Bühne steht, fängt Schiller ihre ganze vertrackte Situation ein: ihr Ausgeliefertsein und den Umstand, daß sich Rettungsversuche immer gegen sie wenden; Anlaß der Durchsuchung ist nämlich, daß jemand den Gärtner mit Schmuck zu bestechen versucht hat. In dem folgenden Streitgespräch zwischen Hanna und Paulet wird Maria völlig gegensätzlich beschrieben: als unschuldiges Opfer brutaler Gewalt (so Hanna) bzw. als äußerst gefährliche Verbrecherin (so Paulet).

I/2–4: Maria bittet, würdevoll und unbeeindruckt, Paulet nur um Weiterleitung eines an Elisabeth gerichteten Briefes. Obwohl sie immer noch nicht den Ausgang ihres Prozesses kennt, glaubt sie nicht, daß Elisabeth einer gesalbten Königin etwas antun werde. Nachdem Paulet noch kurz seinen Neffen Mortimer als unbestechlichen Gegner Marias vorgestellt hat, geht er. Im Gespräch mit Hanna öffnet Maria sich: Sie empfinde an diesem Tag, dem Jahrestag des Todes ihres zweiten Mannes, Schuldgefühle. Hannas Beruhigungs- und Entlastungsversuche geraten ungewollt zur Anklage (V. 323–62).

I/5–6: Hoffnung! Mortimer als heimlicher Verbündeter

Mortimer entpuppt sich überraschend als Vertreter der Mächte, die Maria retten wollen. Pathetisch schildert er seine Wandlung vom fanatischen Protestanten zum überzeugten Katholiken und Elisabeth-Gegner während einer Reise nach Rom. Andeutungsweise erfährt man auch von seiner Liebe zu Maria. Maria, skeptisch und zurückhaltend gegenüber seinen Befreiungsplänen, setzt alle Hoffnungen auf Leicester, einen Günstling Elisabeths, der Maria beistehen wolle. Mortimer ist erstaunt, will aber einen Brief Marias an Leicester überbringen.

I/7–8: Der Auftritt Burleighs – welch ein Wechselbad!

I/7: Burleigh verkündet das Todesurteil gegen Maria und nimmt ihr damit eine erste Hoffnung. Nun aber kommt die selbstbewußte Königin zum Vorschein: Überzeugend legt sie dar, wie sehr gegen sie das Recht gebeugt worden sei, und klagt über Elisabeths Scheinheiligkeit. Als eindeutige Siegerin verläßt sie die Bühne.

I/8: Auch Burleigh betreibt ein doppeltes Spiel, denn er versucht, Paulet für einen heimlichen Mordanschlag auf Maria zu gewinnen – der aber, die Redlichkeit in Person, weist dieses Ansinnen entrüstet von sich.

II. Akt: Elisabeths Hof: Eitelkeiten und Intrigen

II/1–2: Noch ein Wechselbad für den Leser: Elisabeth!

II/1: Weg von Marias düsterem Kerker, hin zu Elisabeths glanzvollem Hof: Noch bevor die englische Königin auftritt, werden ihre Macht und Herrlichkeit von den Höflingen Kent und Davison beschrieben. Aufgrund der fast fertig ausgehandelten Verlobung Elisabeths mit dem Bruder des französischen Königs wird gerade ein prunkvolles Fest gefeiert.

II/2: Elisabeth tritt mit Gefolge und französischen Botschaftern auf; sofort erkennt man die Problematik ihres Wesens: den (rhetorisch geschickt realisierten) Hang zur Selbstdarstellung (V. 1122–26, 1129); die Unschlüssigkeit (hier bezogen auf das Eheprojekt); die innere Gespaltenheit zwischen Machtbewußtsein und Abhängigkeit vom Volk (V. 1155f.) bzw. zwischen der Frau und der Herrscherin in ihr (sie liebt ja Leicester; vgl. Regieanweisung nach V. 1217); den Konflikt mit Maria.

II/3–4: Die politischen Hintergründe werden offenbar

II/3: In dieser **„1. Staatsratsszene"** prallen die Grundpositionen hinsichtlich Marias aufeinander:

- Burleigh vertritt die Staatsräson: Maria sei umgehend hinzurichten, sie stelle eine beständige Gefahr für Elisabeths Thron und Englands Freiheit dar.
- Talbot, Repräsentant von Recht und Gerechtigkeit, ist gegen Marias Tod: Sie unterliege nicht englischer Rechtssprechung; Elisabeth brauche sich dem Wunsch des Volkes nach Marias Hinrichtung nicht zu beugen; eine Hinrichtung gefährde sogar langfristig Elisabeths Ruf. Talbot redet sich freilich ins Abseits: erst durch die für Elisabeth unakzeptable Aussage, Frauen seien *ein gebrechlich Wesen* (V. 1373), dann durch eine Lobeshymne auf Marias Schönheit (V. 1395–97).
- Leicester (Marias Hoffnung und zugleich Elisabeths Liebhaber) plädiert für einen Mittelweg: Elisabeth stehe auf dem Gipfel ihres Erfolges; die Gefahren, die von Maria ausgehen sollen, würden völlig übertrieben; deshalb solle man Maria schlicht ignorieren und sie nicht töten, um keine Märtyrerin zu schaffen; sollte freilich noch einmal jemand eine Hand für sie erheben, könnte man sie dann hinrichten.

Elisabeth hört zu, legt sich aber nicht fest.

II/4: Paulet führt Mortimer bei Elisabeth ein. Der Zuschauer ist verwirrt: Ist Mortimer etwa ein Spion Englands? Was tuschelt er mit Leicester? Paulet übergibt inzwischen Marias Brief, der den Wunsch nach einem Treffen mit Elisabeth enthält; Burleigh protestiert – nach englischem Recht käme das Treffen einer Begnadigung gleich; Talbot will genau das; Leicester hält sich bedeckt. Elisabeth gibt sich gerührt, entscheidet aber nichts und schickt alle weg – außer Mortimer!

II/5–7: Ein Mordkomplott scheitert schon im Ansatz

II/5: Von Rührung keine Spur mehr! Elisabeth versucht statt dessen, Mortimer als „Killer" anzuheuern – mit Erfolg! Was ist das nun für ein Kerl? (Analyse des Gesprächs, Musterbeispiel höfischen Redens, auf S. 62–64!)

II/6: Endlich Klarheit! In einem leidenschaftlichen Monolog läßt Mortimer nämlich seinem Haß auf die *falsche, gleisnerische Königin* (V. 1632) freien Lauf. Mit seiner scheinbaren Zusage hat er jedoch Zeit gewonnen.

II/7: Paulet, der ahnt, was Elisabeth mit seinem Neffen besprochen hat, warnt ihn eindringlich vor solch ehrlosem Tun. Leicesters Auftritt beendet seine Mahnungen.

II/8: Maria retten – aber wie?

Leicester und Mortimer trauen einander zunächst nicht; Mortimer wagt schließlich den ersten Schritt – nicht ohne durch Sticheleien seine Verachtung gegenüber dem übervorsichtigen Leicester kundzutun. Dieser öffnet nun sein Herz und berichtet von seinen Motiven: Einst habe er die Möglichkeit, Maria zur Frau zu bekommen, nicht wahrgenommen, denn er habe Elisabeths Hand erstrebt; doch als er gemerkt habe, daß er von dieser nur hingehalten und benutzt werde, habe er sich wieder seiner Liebe zu Maria erinnert, und jetzt wolle er sie unbedingt retten. Mortimer wirft ihm vor, von Hilfe nur zu reden. Als er seinen Befreiungsplan vorstellt, schreckt Leicester zurück; die beiden gehen uneinig auseinander. Leicester nimmt sich immerhin vor, jetzt mit Energie eine Begegnung der Königinnen einzufädeln, von der er sich eine gute Lösung erhofft.

II/9: Leicester arrangiert das Königinnentreffen

Als Elisabeth ihn überraschend aufsucht, erhält Leicester prompt die Chance, seine Absicht zu verwirklichen. Ihre Verwunderung, was Leicester mit Mortimer zu besprechen hatte, kann jener geschickt beschwichtigen, und er stellt sich gleich als bemitleidenswertes Opfer von Elisabeths Heiratsplänen dar, macht ihr ein schlechtes Gewissen. Sie beginnt ihr Los zu beklagen, kommt automatisch voller Haß und zugleich Selbstmitleid auf Maria zu sprechen, äußert plötzlich den Wunsch, ihre Konkurrentin um Thron und Männergunst (letzteres Motiv dominiert im Moment) zu sehen – da kann Leicester einhaken. Er überrumpelt sie richtiggehend mit seinem Plan, widerlegt geschickt jedes Gegenargument der wieder zaudernden Elisabeth und gewinnt ihr Einverständnis.

III. Akt: Hure gegen Bastard – die große Wende

III/1–3: Maria zwischen Furcht und Hoffnung

Wir sehen Maria am Gipfel ihrer trügerischen Hoffnung. Der Grund ihres Höhenfluges: Sie darf plötzlich den Park betreten und ahnt, daß das Treffen mit Elisabeth bevorsteht. Paulet kündigt auch tatsächlich Elisabeths Erscheinen an, und Shrewsbury versucht, Maria Mut zu machen. Doch jetzt erfüllen sie Furcht, aber auch stolzer Haß, den sie mühsam zu bändigen versucht.

III/4–5: Das Königinnentreffen: der Wende erster Teil

III/4: Schon der Anfang deutet auf das Scheitern der Begegnung hin. Elisabeth tut, als wisse sie nicht, wo sie sei, und läßt „so nebenbei“ eine an Selbstlob kaum zu überbietende Bemerkung fallen, um Maria zu provozieren (V. 2229–31). Maria erkennt die Hoffnungslosigkeit ihrer Situation, reißt sich aber zusammen, was Elisabeth prompt als Stolz mißversteht, der sie sofort zu einem neuen Angriff reizt! In diesem Stil geht es weiter.

Marias Taktik: Selbstverleugnung, Flehen, Bitten; der Vorschlag, sie sollten beide ihre jeweilige Schuld (indirekt ein Angriff auf Elisabeth!) vergessen oder dem Schicksal zuschreiben; schließlich die völlige Erniedrigung: der Verzicht auf alle Herrschaftsansprüche. Zwischen ihren Worten sind jedoch laufend Attacken gegen Elisabeth versteckt. Maria hat sich letztlich genausowenig im Griff wie ihre Gegnerin: Diese, im Innersten ohnehin nicht versöhnungsbereit, spielt ihre Macht aus, greift Maria als Politikerin und als Mensch an, weist alle Entschuldigungsversuche barsch zurück; ihre Worte gipfeln in dem brutalen Vorwurf, Maria sei eine königliche Hure (V. 2416–18) – Ausdruck von Elisabeths ganzem Neid! Maria kämpft innerlich, bis es aus ihr herausbricht und die große Wende bringt: Eine flammende Angriffsrede gegen die nun sprachlose Elisabeth steigert sich zu dem genauso brutalen Gegenvorwurf: *Der Thron von England ist durch einen Bastard/ Entweiht* (V. 2447f.). Elisabeth kann nur mehr wortlos abgehen.

Das Paradoxe des Gesprächs und seine tragische Ironie: Bei dem Versuch, den Konflikt zu verringern, ist dieser schrittweise eskaliert. Elisabeth wollte am Anfang ihren Triumpf auskosten, Maria sich demütigen – am Ende jedoch ist Elisabeth die Gedemütigte, Maria die Triumphierende. Keine Seite ist wirklich zur Versöhnung fähig; während man aber von Elisabeth gar nichts anderes erwartet hat, überrascht Marias Verhalten doch. Der Kern des Konflikts wird offenbar: eine unselige Vermischung persönlicher und politischer Motive.

III/5: Maria kostet ihren Sieg aus – vor allem die Tatsache, daß sie Elisabeth in Gegenwart Leicesters erniedrigte.

III/6–8: Mortimers Plan mißlingt: der Wende zweiter Teil

III/6: Mortimer belauschte das Gespräch der Königinnen; leidenschaftlich preist er jetzt Marias Mut, die freilich ihrerseits, inzwischen schon kleinlauter, nur wissen will, ob der Brief Leicester erreicht hat – sie hofft noch immer auf seinen Einfluß. Doch Mortimer, voller Verachtung gegenüber seinem Nebenbuhler, weist sie darauf hin, daß sie jetzt keine Gnade mehr erwarten könne; nun helfe nur noch sein blutiger Befreiungsplan. Pathetisch offenbart er ihr seine Liebe und reißt sie an sich – Maria erschaudert. Aus dieser Situation rettet sie die herbeistürzende Amme, die berichtet, daß sich lauter Bewaffnete dem Park näherten. Maria flieht ins Haus.

III/7–8: Die Ereignisse überstürzen sich: Paulet verkündet, Elisabeth sei ermordet worden, und verschwindet wieder. Da taucht ein Mitverschwörer Mortimers, Okelly, auf: Der Anschlag, von einem aus ihrer Gruppe ohne Absprache durchgeführt, sei fehlgeschlagen, alle müßten fliehen. Mortimer jedoch will bleiben.

IV. Akt: Stirbt Maria nun oder nicht?

IV/1–6: Alte Intrigen werden aufgedeckt, neue gesponnen

IV/1–3: Burleighs große Stunde: Er entlarvt den französischen Botschafter Aubespine als Helfer der Verschwörer und verweist ihn des Landes; in Leicester erkennt er den Initiator des Königinnentreffens und beschuldigt ihn der Konspiration mit Maria. Kühn verlangt dieser, daß Burleigh seine Vorwürfe vor Elisabeth wiederhole, der aber willigt sofort ein und geht selbstsicher ab.

IV/4: Mit sich allein, schwindet Leicesters Optimismus. Da kommt Mortimer, um ihn zu warnen. Leicester erkennt seine Chance, enttarnt ihn kurzerhand als einen der Verschwörer und liefert ihn der Wache aus. Mortimer reagiert, wie man es von ihm erwartet: Unter Worten der Verachtung für Leicester erdolcht er sich.

IV/5–6: Szenenwechsel – Elisabeth und Burleigh treten auf; er hetzt gegen Leicester und Maria, sie ist wutschnaubend entschlossen, beide zu vernichten. Doch ihr Wankelmut, hier wohl von ihrer Liebe gespeist, taucht wieder auf: War der Brief Marias an Leicester, der Burleigh in die Hand gefallen ist (ein gefährlicher Beweis!), vielleicht nur ein Trick Marias, um einen Keil zwischen Elisabeth und Leicester zu treiben?

Da dringt Leicester gewaltsam zu ihr vor. Geschickt wie immer, rettet er seine Haut: Seine Kontakte zu Maria und Mortimer hätten bloß dazu gedient, deren Absichten auszuforschen (erst jetzt erfahren Elisabeth und Burleigh von Mortimers Verrat); außerdem sei er nun doch für Marias Hinrichtung. Burleigh ist macht-los – Leicester stellt sich als Schutzengel Elisabeths, den Kanzler hingegen als Versager dar. Schließlich überträgt Elisabeth – auf Vorschlag Burleighs und gleichsam als „Liebesbeweis“ – Leicester zusammen mit Burleigh die Aufsicht über Marias Hinrichtung.

IV/7–10: Ein neuer alter Mitspieler taucht auf: das Volk

IV/7–8: Kent berichtet, das Volk umlagere den Palast und verlange Marias Tod. Burleigh bedrängt Elisabeth, der Forderung nachzugeben. Sie jedoch ist erneut unschlüssig.

IV/9: In dieser **„2. Staatsratsszene“** prallen noch einmal die Meinungen aufeinander. Da Leicester gut daran tut, still zu sein, argumentieren nur Shrewsbury (er hat übrigens Elisabeth bei dem Anschlag das Leben gerettet) und Burleigh. Beide beziehen sich auf das Verhältnis zwischen

Elisabeth und dem Volk; Shrewsbury aber stellt die Gefahren einer Hinrichtung für Elisabeths Ruf in den Vordergrund, Burleigh die durch die lebende Maria gefährdete Freiheit des Volkes. Elisabeth jammert, gibt sich unentschieden und schickt schließlich alle weg.

IV/10: *O Sklaverei des Volksdiensts!* (V. 3190) – mit diesen ersten Worten des Monologs bricht es aus Elisabeth heraus. Es offenbart sich ihre ganze Frustration über all die Hindernisse bei der Verwirklichung ihres innersten Wunsches, eine absolute Herrscherin zu sein: die Legitimitätsprobleme samt außen- und innenpolitischen Konsequenzen, die sie nötigen, ständig auf das Volk Rücksicht zu nehmen. Auch die Zerstörung ihres privaten Glücks durch Maria quält sie. Fazit: *Maria Stuart/ Heißt jedes Unglück, das mich niederschlägt!* (V. 3235f.). Deren Beseitigung scheint all ihre Probleme zu lösen, und so unterschreibt sie das Urteil – doch Elisabeth wäre nicht Elisabeth, wenn sie nicht im selben Moment wieder zurückschreckte.

IV/11–12: Burleigh schafft endlich klare Verhältnisse

Elisabeth gibt ihrem Sekretär Davison das Urteil, ohne zu sagen, was damit geschehen solle (nur aufbewahren? Burleigh übergeben?); seine drängenden Fragen beantwortet sie nicht und geht. Hilfesuchend wendet sich Davison an Burleigh, der ihm aber das Blatt entreißt und ihn verzweifelt zurückläßt.

V. Akt: Marias moralischer Sieg und Elisabeths moralische Vernichtung

V/1–5: Die Geschehnisse der Nacht vor der Hinrichtung und ein Hoffnungsschimmer, der sogleich verfliegt

Die Amme berichtet von dem auf der Bühne ja nicht darstellbaren inneren Wandel Marias in der Nacht vor der

Hinrichtung (also zwischen 4. und 5. Akt). Maria habe sich – zuvor noch voller Hoffnung – auf die Nachricht von der bevorstehenden Hinrichtung plötzlich vom Leben gelöst und sei vollkommen gefaßt. Da entsteht ein Hauch von Spannung – Margareta Kurl stürzt herein, die Frau eines der Schreiber Marias, auf dessen Zeugnis hin Maria verurteilt wurde: Er hatte nämlich beschworen, daß Maria mit den Feinden Englands konspiriert habe. Diese Aussage aber sei falsch gewesen, Maria mithin unschuldig. Doch die Hinrichtung ist nicht mehr aufzuhalten.

V/6–10: Maria im Zustand der Verwandelten und ihr Tod

V/6: Noch bevor Maria ein Wort sagt, verraten schon Aussehen und Auftreten, wie gefaßt sie dem Tod begegnet. Sie schildert ihren Glückszustand, denn jetzt werde sie frei und triumphiere. Nur mehr um die anderen und deren Sicherheit und Zukunft sorgt sie sich und verteilt ihren Besitz unter den Getreuen.

V/7: In dem Beichtgespräch mit Melvil, ihrem früheren Haushofmeister, der inzwischen heimlich zum Priester geweiht worden ist, erkennt man: Maria ist zwar bezüglich der Anklage in England absolut unschuldig, akzeptiert aber ihre Hinrichtung als Buße für ihre Beteiligung an der Ermordung ihres zweiten Ehemannes.

V/8–9: Burleigh und Leicester holen Maria ab. Sie regelt noch ein paar Dinge, erniedrigt Leicester mit vernichtenden ironischen Worten und verläßt dann die Bühne: *Jetzt hab ich nichts mehr auf der Erden!* (V. 3838).

V/10: Marias Hinrichtung wird durch das Mittel der Teichoskopie (griech. Mauerschau) auf die Bühne geholt. Ausgerechnet Leicester dient als Berichterstatter des Geschehens, das er sozusagen „hinter der Bühne hört“: wie Maria mit fester Stimme betet und völlig gefaßt stirbt. Leicester ist endgültig zerstört.

V/11–15: Abrechnung! Elisabeths moralische Vernichtung

Ein letzter Schauplatzwechsel: Elisabeth in ihrem Palast in ihrer ganzen Hin- und Hergerissenheit – einerseits hoffend, daß das Urteil vollzogen werde, andererseits voller Furcht davor. Erst durch einen Pagen erfährt sie, daß Burleigh und Leicester nicht mehr in London sind. Hocherfreut will sie nun die „Show" fortsetzen: *Es soll an Tränen mir / Nicht fehlen, die Gefallne zu beweinen!* (V. 3899f.).

Da berichtet Shrewsbury, Marias Schreiber Kurl habe seine belastenden Aussagen widerrufen – plötzlich verhält sich Elisabeth so, als wisse sie nichts von Marias Hinrichtung, und befiehlt, die Untersuchung gegen Maria erneut zu eröffnen. Doch Davison teilt mit, daß Burleigh ihm das Todesurteil entrissen habe; Elisabeth gibt sich empört – sie verbannt den inzwischen eingetroffenen Burleigh, will Davison vor Gericht stellen (sie tat es übrigens auch in Wirklichkeit; der arme Kerl bekam eine Geldstrafe, die ihn ruinierte).

Shrewsbury aber durchschaut das Spiel; resigniert legt er sein Amt nieder, mit Worten, die Elisabeth vernichten: *Ich habe deinen edlern Teil / Nicht retten können* (V. 4027f.). Den Höhepunkt der Niederlage Elisabeths bildet die Meldung, daß Leicester nach Frankreich „abgereist" sei. Das Stück endet mit der Regieanweisung: *Sie* [Elisabeth] *bezwingt sich und steht mit ruhiger Fassung da. Der Vorhang fällt.*

Respekt! Sie haben sich durch die doch recht lange Inhaltsangabe „durchgefressen“. Jetzt wissen Sie, was in dieser Geschichte, die sich selbst amerikanische Soap-opera-Profis nicht besser hätten ausdenken können, geschehen ist.

Doch was soll das ganze? Ist Schillers Drama nur ein altertümlicher »Dallas«-Vorgänger? Wohl kaum – sonst hätte man das Werk schon längst vergessen.

Auf den folgenden Seiten (denen mit dem dunkelgrauen Blattrand) finden Sie in knapper und übersichtlicher Form – oft auf einer Doppelseite – eine Reihe von **Informationen**, die Ihnen helfen, das Drama besser zu verstehen. Sie erhalten Antworten auf Fragen, die sicher auch im Unterricht gestellt werden:

- Was für ein Mensch war Schiller? Was war ihm wichtig? Womit hatte er zu kämpfen?
- Was schrieb er? Was sind die Themen seines Lebens und Werks?
- In welcher Zeit entstand der Text? Wie wirkte sich das auf Schiller und sein Drama aus?
- Welche Gattungsmerkmale erfüllt das Theaterstück?
- Wie ist es aufgebaut?
- Warum schrieb Schiller in dieser für uns heute so fremden Sprache?

Nach ein paar Literaturhinweisen folgt der **Interpretationsteil**. Sie werden darin einiges sehr Interessante über Schillers Drama erfahren. Zuletzt finden Sie einen **Aufgabenteil**, der Ihnen bei der **Prüfungsvorbereitung** behilflich sein soll.

Friedrich Schiller
*** 10. 11. 1759 in Marbach**
† 9. 5. 1805 in Weimar

Schiller entstammte kleinen Verhältnissen und mußte zeitlebens kämpfen: gegen politische Unterdrückung, finanzielle Not, gesundheitliche Probleme. Diese Erfahrungen prägten sein Werk.

1759–73 **Kindheit** in Marbach, Lorch und Ludwigsburg; Sohn eines Wundarztes und späteren Offiziers und Hofbeamten.

1773–80 Wegen seiner Begabung gegen seinen Willen auf Befehl von Herzog Karl Eugen von Württemberg Schüler an dessen unmenschlich strenger **Militärakademie** („militärische Pflanzschule"); zuerst Jura-, dann Medizinstudium.

1780–82 (Schlecht bezahlter) **„Regimentsmedicus"**.

1782 **Flucht** aus Stuttgart nach Mannheim (damals bereits „Ausland"), da der Herzog Schiller weitere literarische Aktivitäten untersagt hatte.

1782–88 Völlig **ungesicherte berufliche Situation** (im wesentlichen nur als freiberuflicher Schriftsteller tätig, zwar durchaus schon populär, aber ohne nennenswertes Einkommen), drückende Schuldenlast (ein fast lebenslanges Problem Schillers!), auch **Liebeskummer**, Abhängigkeit von befreundeten Gönner(inne)n; zahlreiche **Umzüge**; Beginn der Geschichtsstudien.

1789	Mit Goethes Hilfe außerordentlicher **Geschichtsprofessor** in Jena (bei schlechter Bezahlung!).
1790	**Hochzeit**; kleines Gehalt des Weimarer Herzogs.
1791	**Lebensgefährliche Erkrankung** (Lungenleiden, das Schiller nie ganz überwindet); Unterbrechung der Lehrtätigkeit (und damit Verlust der wenigen Einkünfte); Beginn des **Philosophiestudiums**, vor allem der intensiven Auseinandersetzung mit Kant, ermöglicht durch **finanzielle Hilfen** des dänischen Erbprinzen, eines Verehrers Schillers (ab jetzt kaum mehr Geldsorgen, da auch die Einkünfte als Autor zu steigen beginnen).
1794	Beginn der **Freundschaft** und Zusammenarbeit **mit Goethe** (sie kannten sich schon länger, ihre Beziehung war zunächst aber nur distanziert; Schiller lehnte Goethe anfangs sogar ab).
1799	**Umzug nach Weimar** (jedoch erst 1802 endgültiger Beschluß, dort zu bleiben).
1802	Erhebung in den erblichen **Adelsstand**.
1805	Mit 45 Jahren nach schwerer Erkrankung **Tod** am 9. Mai; hinterläßt Frau und vier Kinder.

Abhängigkeit und **Unfreiheit** sind die **Grunderfahrungen Schillers**:
- Als Jugendlicher und junger Mann war er einem tyrannischen Herzog ausgeliefert.
- Als Erwachsener litt er unter dreierlei: unter seiner lange Zeit völlig ungesicherten beruflichen Lage; damit verbunden unter seinen ständigen Geldsorgen und seiner Abhängigkeit von Gönnern; schließlich unter seiner so oft angeschlagenen Gesundheit.

Schon von daher verwundert es nicht, daß Freiheit in all seinen Werken zentrales Thema ist. Welch anderes Schicksal war da Goethe in die Wiege gelegt worden!

Der deutsche „Dichterfürst“ Schiller war ungemein produktiv und verfaßte literarische (vor allem Dramen und Gedichte) wie nichtliterarische Werke (vor allem historische, philosophische und kunsttheoretische Texte). Sein Schaffen läßt sich dabei in drei Phasen unterteilen.

1. Schillers Sturm-und-Drang-Jahre (bis etwa 1783)

Das Thema Freiheit beschäftigt ihn hier in einer offen politischen Weise: **äußere Freiheit** von gesellschaftlichen Zwängen und politischen Unrechtsregimen – Schillers Antwort auf die in Württemberg erfahrene Unterdrückung. Seine Hauptwerke sind (nach ersten literarischen Versuchen als Schüler und Student):

1777–80	»Die Räuber«
1782	»Die Verschwörung des Fiesco zu Genua«
1782–83	»Kabale und Liebe« („Kabale“ bedeutet „Intrige“)

Die Helden dieser Stücke kämpfen in unterschiedlichster Weise für ihre Freiheit – teils edel-vorbildlich, teils fies, teils mit offener Gewalt, teils mit bloßer Auflehnung, teils intrigant. Bezeichnend ist, daß alle diese Dramen mit dem Tode der freiheitsdurstigen Helden enden – schon hier wird deutlich, daß Schiller der äußeren Freiheit mißtraute; möglicherweise schlug auch sein „innerer Vater“ zu: Wer sich gegen Autoritäten auflehnt, wird vom Schicksal bestraft, so seine unbewußte Botschaft.

2. Die Übergangszeit (ca. 1783–1787)

Schiller ist zwar noch vom Sturm und Drang beeinflußt, seine Arbeiten lassen aber bereits eine **Umorientierung hin zur Klassik** spüren. In diesen Jahren entstanden z. B. die »Ode an die Freude« *(Freude schöner Götterfunken)* oder die Kriminalerzählung »Der Verbrecher aus verlorener Ehre«, in der ein erst körperlich, dann sozial benachteiligter Mann aus seinem Minderwertigkeitskomplex heraus zum Verbrecher wird eine lesenswerte, sehr modern anmutende Studie, die zeigt, daß Schiller nicht nur Literat, Philosoph und Historiker, sondern auch Psychologe war (– das zeigt sich übrigens ebenso bei der Gestaltung von Elisabeth!). Sein Hauptwerk in dieser Zeit:

1787 »Don Carlos« (Thema ist der Gegensatz zwischen Despotismus und Volks- und Menschenrechten)

3. Der Weimarer Klassiker Schiller (ab 1787)

Die Vielfalt seines klassischen Werkes kann nur überblicksweise wiedergegeben werden. Freiheit ist auch hier zentrales Thema, gemeint ist aber die **geistige, innere Freiheit**.

Zum einen verfaßte er zahlreiche historische, kunsttheoretische und philosophische Schriften, zum zweiten eine Menge Gedichte: Balladen, z.B. »Die Bürgschaft« oder »Das Lied von der Glocke«, sowie in Kooperation mit Goethe die »Xenien«, philosophische Gedichte. Am bekanntesten sind Schillers klassische Dramen; im Mittelpunkt stehen meist reale historische Gestalten, die **Geschichte** ist jedoch nicht Selbstzweck (wie eigentlich bei keinem seiner Werke), sondern **Veranschaulichungsmöglichkeit einer philosophischen Idee** und eines tragischen Wertekonflikts.

1794–1800 »Wallenstein«

1799–1800 »Maria Stuart«

1800–01 »Die Jungfrau von Orleans«

1804 »Wilhelm Tell« (das ist der, der seinem Sohn den Apfel vom Kopf schießen muß!)

Schillers »Maria Stuart« gilt als eines der Musterbeispiele der Literatur der **Weimarer Klassik**.

Das historische Umfeld

Die Wende vom 18. zum 19. Jh. war in Europa geprägt von einem Bewußtsein der **Zerrissenheit der Welt**: Überall gab es Konflikte, nichts war mehr in der (alten) Ordnung.

- Adel und Bürgertum bekämpften einander (Höhepunkt: die **Französische Revolution**); zwischen den Staaten gab es im Zusammenhang mit Napoleons Expansionsdrang diverse Kriege. Die Revolution war von den deutschen Intellektuellen anfangs begrüßt worden, nach dem Revolutionsterror jedoch wandten sich viele ab.
- Wirtschaftliche Umwälzungen sondergleichen nahmen ihren Anfang (**beginnendes Industriezeitalter**).

In Deutschland war zwar der Adel noch an der Macht, und die Industrialisierung hatte kaum begonnen, aber von sensiblen Menschen wurden diese Veränderungen schon gespürt.

Das geistige Umfeld

Auch geistig stand man am Ende des 18. Jahrhunderts in einer Umbruchsphase. Die **Aufklärung** hatte die Menschen zu einem selbständigen Denken zu führen versucht, die alte Macht der Kirchen erschüttert und die Wissenschaften im modernen Sinne auf den Weg gebracht. Dabei ist die deutsche Aufklärung untrennbar mit einem Mann verbunden, der auch Schiller stark beeinflußte: **Immanuel Kant**. Er prägte mit seiner Definition von Aufklärung das Bewußtsein seiner gebildeten Zeitgenossen (das waren freilich nicht sehr viele): *Aufklärung ist der Ausgang des Menschen aus seiner selbstverschuldeten Unmündigkeit.*

Die Aufklärung erfaßte das Denken der eben entstehenden bürgerlichen Mittelschicht; sie führte in der Praxis aber oft zu einer Überbetonung des Verstandes, so daß zwangsläufig

Gegenbewegungen entstanden, die die Gefühle in den Vordergrund stellten: zunächst die **Empfindsamkeit**, dann der **Sturm und Drang** – auch Schiller war ja in seiner Jugend ein „Stürmer und Dränger". Eine dritte für das Verständnis der Weimarer Klassik nötige Größe brachte der Kunsthistoriker Winckelmann ins Spiel: eine **neue Sicht der Antike**, die nun nicht mehr nur wie schon lange in formaler Hinsicht als vorbildlich galt, sondern auch in inhaltlicher: Kunst und Literatur sollen deshalb antike Ideale vermitteln, nämlich die Gedanken von Humanität und Freiheit.

Die Weimarer Klassik als Antwort auf die Zeit

Die Klassiker (Goethe, Schiller, Herder, Wieland u. a.) versammelten sich in Weimar (am „Musenhof" der Herzogin Anna Amalia) und wollten der aus den Fugen geratenen Welt eine neue Ordnung entgegenstellen. Es ging ihnen nicht nur um Literatur, sondern um die Entwicklung eines **Lebensstils**, einer Weltanschauung. Kennzeichen waren:

- das Ideal einer **harmonischen**, sittlich-reinen Persönlichkeit, die sich laufend um Vervollkommnung bemüht,
- der **Ausgleich** von Extremen und Gegensätzen: Gefühl und Verstand, Individuum und Gesellschaft,
- weitere zentrale Werte: Toleranz, geistige **Freiheit**, **Sittlichkeit**, Treue, Freundschaft, Bildung, Schönheit – zusammengefaßt unter dem Begriff der **Humanität**,
- die Betonung des Geistigen und der **Gewaltfreiheit**: Politische Freiheit ist nachrangig, Gewalt in jeder Form verwerflich (Absage an Revolutionen!),
- eine **optimistisch**-zuversichtliche Grundstimmung: Der Mensch ist von Natur aus gut, er und die Welt sind verbesserbar, und zwar gerade durch Kunst und Literatur,
- ein vom Harmoniegedanken und vom Schönheitsideal bestimmtes Kunstverständnis: Die **Form** muß **dem edlen Inhalt**, also den Idealen und Werten, **entsprechen**.

Schiller setzt das klassische Programm in »Maria Stuart« systematisch um. Im folgenden finden Sie dazu nur eine kurze Übersicht; genauere Ausführungen stehen in den Abschnitten zur Gattung (S. 31–33), zum Aufbau (S. 34f.), zur Sprache (S. 36f.) sowie im Interpretationskapitel (S. 39–59).

»Maria Stuart« ist ein **Ideendrama**; zum Ausdruck kommen

- das Ideal der geistigen Freiheit als Antwort auf unabänderliche Gewalt und die Absage an jede Form der Gegengewalt,
- das Ideal der Bereitschaft des Menschen, Schuld zu sühnen,
- das Ideal der Treue (vgl. die Diener Marias),
- das Ideal der Wahrheit und Ehrlichkeit,
- das Ideal der stetigen Verbesserung des Menschen.

All diese Ideale beweisen ihre Wichtigkeit und Richtigkeit gerade auch dort, wo sie nicht verwirklicht sind:

- beim Scheitern jedes Versuchs, durch Gewalt Veränderungen von Marias (oder Elisabeths) Schicksal herbeizuführen; Elisabeths Situation am Ende zeigt, daß ihr durch Marias Tod eigentlich nicht geholfen worden ist;
- in der fehlenden Schuldeinsicht und Schuldbewältigung bei Elisabeth und Leicester, so daß die Erfahrungen, die sie machen, und die Strafen, die sie erleiden, sie nicht wirklich zu besseren Menschen machen können;
- in Verrat und Verlogenheit als Strukturmerkmalen des elisabethanischen Hofes.

Fazit: Schiller entwirft in seinem Drama im Positiven wie im Negativen ein **Idealbild humanen Seins**. Und er bleibt dabei Optimist, wie die Entwicklung Marias, einer ja wahrhaft schuldbeladenen Frau, zeigt.

Den inhaltlichen Idealen entspricht die **ideale Form** des Dramas (s. S. 31–37). Sie zeigt sich in der Verssprache, im pathetischen Stil und der strengen Aufbauform (Einheit von Ort, Zeit und Handlung; These-Antithese; Symmetrieprinzip).

»Maria Stuart« ist eine **Tragödie**, also ein Drama, dessen Held in einer Katastrophe endet. Dafür galten bis ins 19. Jahrhundert hinein strenge formale Regeln, die letztlich auf den griechischen Philosophen Aristoteles zurückgehen (manche Details kamen erst im Laufe der Zeit hinzu). So gestaltete Theaterstücke nennt man **„aristotelische Dramen“**.

Diese Bauform lag den klassizistischen Dramen der Franzosen und – durch diese vermittelt und vom deutschen Literaturpapst und Autor Gottsched (1700–1766) festgeschrieben – denen der deutschen Aufklärungsliteratur zugrunde. Doch bereits Lessing (1729–1781) kritisierte dieses starre System, und im Sturm und Drang wurde es – auch von Schiller – kaum oder gar nicht mehr beachtet. Da die Klassik aber **Formstrenge, Ordnung** und **Maß** als stilistische Grundsätze vertrat und sich an der Antike orientierte, griff Schiller jetzt wieder auf Aristoteles zurück.

Formal ist »Maria Stuart« nun wie folgt gekennzeichnet:

1. Weitgehende Wahrung der drei aristotelischen Einheiten

- **Einheit der Handlung:** Sie ist gegeben, denn die vorhandenen Nebenhandlungen (siehe Schaubild auf S. 34f.) stehen im engsten Bezug zu der Haupthandlung, zielen alle auf Rettung bzw. Vernichtung Marias ab.
- **Einheit der Zeit:** Die Handlung eines Stückes darf höchstens 24 Stunden umfassen, im Idealfall decken sich Spielzeit und gespielte Zeit – dieses Ideal ist zwar nicht erreicht (praktisch auch nicht erreichbar; Stücke, bei denen man es versucht hat, wirken meist gekünstelt), die Grundregel aber ist recht gut eingehalten, denn die Ereignisse umfassen die letzten drei Tage Marias: 1. Tag: Akt I (s. V. 2130); 2. Tag: Akt II–IV (s. V. 2059, 3105, 3108); 3. Tag: Akt V (s. V. 3355, 3386ff., 3419, 3877, 3961f.).
- **Einheit des Ortes:** Der Schauplatz der dramatischen Handlung sollte sich nicht ändern – daran hat sich Schiller nicht gehalten; das Drama spielt an zwei Orten. Allerdings hat er

jeder der Kontrahentinnen einen eigenen Ort zugewiesen, und Orte gewinnen damit – im Unterschied zum früheren Drama – einen symbolischen Wert.

Um die Einheiten-Lehre richtig zu verstehen: Man wollte Autoren nicht in ein sinnloses Regelgerüst pressen, ein Drama sollte vielmehr ein geschlossenes Ganzes sein. Unverbundene Handlungsstränge, häufige Ortswechsel und massive Zeitsprünge würden ein Stück zerrissen erscheinen lassen.

2. Orientierung am traditionellen Musteraufbau

1. Akt: **Exposition:** Einführung der Personen, ihrer Beziehungen, des Konflikts und seiner Hintergründe
2. Akt: **Steigende Handlung:** Verwicklungen, Konfliktverschärfung, Spannungsaufbau
3. Akt: **Peripetie:** Wendepunkt, Höhepunkt
4. Akt: **Fallende Handlung:** Hinstreben zur Katastrophe, augenscheinlich aufgehalten durch **retardierende Momente**, um die Spannung des Zuschauers zu erhöhen
5. Akt: **Katastrophe:** Untergang des Helden

Schiller hält sich grundsätzlich an dieses Schema, weicht aber – wie alle guten Autoren seiner Zeit – im einzelnen dort davon ab, wo es inhaltlich nötig ist (blinder Schematismus ist nur eine Sache von Dilettanten): Die steigende Handlung wird schon im 1. Akt eingeleitet, progredierende (d. h. vorwärtstreibende) und retardierende Momente tauchen ebenfalls schon hier auf. Andererseits ist die eigentliche Handlung mit dem 4. Akt beendet; der 5. dient der Vermittlung der philosophisch-moralischen Botschaft Schillers.

3. Geschlossene Form

Eine geschlossene (oft auch „tektonisch“ genannte) Gestalt weisen Werke auf, die – wie die klassischen – nach streng festgelegten Formprinzipien aufgebaut sind. Bei Dramen bedeutet dies neben den gerade erläuterten Merkmalen

- Bauprinzipien, die die Geschlossenheit des Ganzen noch vertiefen: bei Schiller die symmetrische Aufteilung der Handlungsorte (siehe Schaubild auf S. 34f.) und das antithetische Prinzip, auf dem die Grundstruktur der Handlung bzw. des Personals fußt, das sich aber auch in den meisten Einzelszenen findet (vgl. exemplarisch I/1, I/2, I/4, I/7, II/3, II/5, II/8, III/4, IV/3, IV/6, IV/9, V/7);
- die Ausgewogenheit von Spiel und Gegenspiel, die Schiller vorbildlich gestaltet;
- der Grundsatz, daß nicht nur das Ganze, sondern auch ein Ausschnitt in sich geschlossen und abgerundet ist – vgl. bei Schiller z. B. das Treffen der Königinnen.

Das Gegenstück zur geschlossenen Form ist die offene, die schon im Sturm und Drang von Autoren wie Lenz (»Die Soldaten«) oder Goethe (»Götz von Berlichingen«), später von Büchner (»Woyzeck«) und den Naturalisten (Hauptmanns »Die Weber«) verwendet wurde und bei modernen Autoren seit Brecht weitverbreitet ist. Kennzeichen: z. B. häufiger Schauplatzwechsel, Zeitsprünge, lose verknüpfte Handlungsstränge.

4. Enthüllungsdrama (analytisches Drama)

Entscheidende Voraussetzungen der Handlung gehören bereits der Vergangenheit an; teils sind sie allen Figuren bekannt (z. B. Marias Vorleben, Elisabeths umstrittener Herrschaftsanspruch), teils nicht (die schon vor Beginn des Geschehens eingeleiteten Intrigen Mortimers und Burleighs oder die Erlebnisse, die gewisse Figuren bei ihrem Handeln motivieren, z. B. Mortimers Bekehrung oder Leicesters „Liebe“ zu Maria). Die Ereignisse und ihre Wirkungen werden jetzt den Figuren und den Zuschauern enthüllt.

Gegenstück ist das Zieldrama (Entfaltungsdrama, synthetisches Drama), z. B. Schillers »Kabale und Liebe« oder »Wallenstein«: die Handlung setzt erst mit den konfliktauslösenden Ereignissen ein und führt direkt auf das Ende hin.

Akt	I	II	III	IV	V
im Zentrum	**Maria**	**Elisabeth**	**Maria und Elisabeth**	**Elisabeth**	**Maria (und Elisabeth)**
Ort	Fotheringhay	Westminster	Fotheringhay	Westminster	Fotheringhay (u. Westminster)
Funktion	Exposition	steigende Handlung	Peripetie Tektonische Bauweise	fallende Handlung	Katastrophe und Nemesis
	Vorstellung der Personen, Beziehungen, Hintergründe, Konflikte (in I und II)	Aufbau von Verwicklungen, Konflikt-verschärfung (in I und II)	Wendepunkt, Höhepunkt; hier zweifache Wende: mißlungene Begegnung (III/4), mißlungenes Attentat auf	Hinstreben zur Katastrophe, verzögert durch retardierende Momente	Untergang des Helden und strafende Gerechtigkeit (Nemesis) gegen die „Bösen“

Stirbt Maria? → Wie stirbt Maria?

Was bestimmt den Prozeß der Entscheidungsfindung? → Folgen?

progredierende Handlungsstränge
(vorwärtstreibend, d. h. mit dem Ziel, daß Maria stirbt)

Haupthandlung: offizielle Versuche, Marias Tod herbeizuführen
Hauptakteur Burleigh; verdeckt und unentschieden Elisabeth

Nebenhandlung: Meuchelmordpläne Burleighs und Elisabeths
Scheitern in I/8 und II/5–6 (aus Sicht Elisabeths erst in IV/6)

retardierende Handlungsstränge
(verzögernd, d. h. mit dem Ziel, Maria zu retten)

Mortimer-Handlung: Scheitern in III/8 bzw. IV/4

Leicester-Handlung: Scheitern in III/4
sogar Kehrtwende gegen Maria in IV/6!

Shrewsbury-Handlung: Scheitern in IV/9–10

} bewirken im Endeffekt das Gegenteil des Angestrebten

Gemäß dem Anspruch der Klassiker müssen Form und Inhalt übereinstimmen: Erhabene Ideen werden am hervorstechenden Schicksal bedeutsamer Gestalten in einem überaus

••• Blankvers (jambischer Fünfheber)

Reimloser Vers mit festem Metrum: Jeder der fünf Takte beginnt mit einer unbetonten Silbe, auf die eine betonte folgt (Jambus). Am Versende ist eine zusätzliche Senkung möglich. Reime nur an besonderen Stellen (z. B. in III/1)! **Hinweis:** Gezählt werden nicht Druck-, sondern Verszeilen; ein Vers kann auch auf zwei oder drei Sprecher verteilt sein.

••• Bilderreichtum

Schiller verwendet sehr häufig **Metaphern**, daneben auch **Personifikationen**, eine **Allegorie** (II/1) u. a. Tropen (Oberbegriff für alle Mittel bildlichen Sprechens). Zur Charakterisierung der Königinnen und ihrer Gegensätzlichkeit wählte der Autor auch **Metaphernkomplexe**: Ein *Netz von Feuermetaphern*[1] veranschaulicht Marias Gefährlichkeit und Sinnlichkeit und dient indirekt dem Ausdruck von Elisabeths Gefühlsverdrängung; außerdem kommt eine Hell-Dunkel-Metaphorik zum Einsatz.[2]

••• Vielfältige rhetorische Stilmittel

treten häufig zusammen mit Sprachbildern auf; zentral sind die **Antithese** (der Grundstruktur des Dramas entsprechend) und **Nominalisierungen** zur Betonung des Allgemeinen gegenüber dem Einmalig-Spontanen.

••• Zahlreiche Sentenzen

verdeutlichen das Gesetzhafte des individuellen Geschehens.

1 Graham, Ilse: Schiller, ein Meister der tragischen Form. Darmstadt 1974, S. 145, zitiert nach: Leipert (s. S. 38), S. 103.

anspruchsvoll aufgebauten Drama veranschaulicht; sprachlich ist dem nur das „genus grande“, der hohe bzw. pathetische Stil (griech. páthos: Leidenschaft) angemessen.

•••• Kennedy. *Was macht Ihr, Sir? Welch neue Dreistigkeit!*
Zurück von diesem Schrank!
Paulet. *Wo kam der Schmuck her?*
(I/1, V 1–2)

◡ Senkung (unbetonte Silbe)
– Hebung (betonte Silbe)

•••• **Metapher**: *Nicht mit dem Schwerte kam ich in dies Land* (I/7, V. 938); **Personifikation**: *Zum Himmel fliehe, leidende Geduld* (III/4, V. 2438); **Feuermetaphorik**: Burleigh über Maria: *Die Ate dieses ew'gen Kriegs, die mit/ Der Liebesfackel dieses Reich entzündet* (II/3, V. 1281f.); Maria über Elisabeths Zukunft: *Weh Euch, wenn sie von Euren Taten einst/ Den Ehrenmantel zieht, womit Ihr gleißend/ Die wilde Glut verstohlner Lüste deckt* (III/4, V. 2427ff.); **Hell-Dunkel-Metaphorik**: *Bei solchen Taten doppelter Gestalt/ Gibt's keinen Schutz als in der Dunkelheit* (II/5, V. 1606f.); *Geblendet ward sie von der Laster Glanz [. . .]. Sie überstrahlte blühend alle Weiber* (II/3, V. 1393 und 96)

•••• vgl. I/8, V. 961ff.: *Ich bin die Schwache, sie die Mächt'ge* (Antithese, Parallelismus, Nominalisierung) – *Wohl!/ Sie brauche die Gewalt, sie töte mich,/ Sie bringe ihrer Sicherheit das Opfer*. (Anapher, Parallelismus, Klimax)/ *Doch sie gestehe dann, daß sie die Macht/ Allein, nicht die Gerechtigkeit geübt*. (Antithese, Chiasmus)/ *Nicht vom Gesetze borge sie das Schwert,/ Sich der verhaßten Feindin zu entladen [. . .]*. (Inversion, Metapher, Periphrase)

•••• *So sind die Männer. Lüstlinge sind alle!* (II/9, V. 1988)
Denn ein gebrechlich Wesen ist das Weib. (II/3, V. 1373)

---

2 Leipert (s. S. 38), S. 104.

Im Unterricht kann genauso wie in diesem Mentor-Band ein literarisches Werk nur zum Teil erschlossen werden. Die folgenden Lesetips helfen Ihnen, falls Sie sich für weitere Aspekte interessieren.

Wenn Sie umfangreichere Erläuterungen zu einzelnen Textstellen, Selbstaussagen Schillers über sein Werk, zeitgenössische Kritiken, Texte zu Wirkungsgeschichte und späteren Aufführungen sowie zur Interpretation suchen, finden Sie sie bei

Christian **Grawe** (Hg.): Friedrich Schiller. Maria Stuart. Erläuterungen und Dokumente. Stuttgart 1978 (Reclams Universal-Bibliothek Nr. 8143).

Die folgenden drei Titel interpretieren Schillers »Maria Stuart« bis ins Detail und liefern für den, den das Drama besonders anspricht, einen sehr guten Überblick über die Forschungslage. Sprachlich nicht immer einfach!

Gert **Sautermeister**: Maria Stuart. Ästhetik, Seelenkunde, historisch-gesellschaftlicher Ort. In: Walter Hinderer (Hg.): Interpretationen. Schillers Dramen. Stuttgart 1992 (Reclams Universal-Bibliothek Nr. 8807), S. 280–335.

Hans Peter **Herrmann**/Martina **Herrmann**: Friedrich Schiller: Maria Stuart. Frankfurt 1989 (Diesterweg Verlag: Grundlagen und Gedanken zum Verständnis des Dramas).

Reinhard **Leipert**: Friedrich Schiller. Maria Stuart. München 1991 (Oldenbourg Verlag: Oldenbourg Interpretationen mit Unterrichtshilfen).

Eine flüssig geschriebene, besonders lesenswerte Biographie über Maria Stuarts Leben mit einer ganz anderen Charakterisierung ihres Wesens stammt von dem Schriftsteller

Stefan **Zweig**: Maria Stuart. Frankfurt 1976 (Fischer-TB 1714).

Interpretation

Den Schwerpunkt der folgenden Interpretation bilden die üblicherweise in der Schule behandelten Aspekte:
- Schillers Freiheitsgedanke
- Politische Aussagen des Textes
- Schillers Theatertheorie
- Schillers Geschichtsphilosophie
- Schillers Frauenbild

1. »Maria Stuart« als Freiheitsdrama

Jetzt brauchen Sie ein bißchen Geduld! Um Schillers (auf Kant fußende) Philosophie richtig zu verstehen, müssen Sie sein Gedankengebäude erst im Zusammenhang kennenlernen; die Übertragung auf »Maria Stuart« erfolgt danach.

1.1 Körper, Geist und Wille: das Menschenbild Schillers

Der Mensch „besteht" aus zwei Teilen, hat eine sog. **„sinnlich-sittliche Doppelnatur"**:
- Zum einen ist er Materie, **Körper** und als solcher mit **Trieben, Gefühlen, Motiven** ausgestattet; dieser Teil unterliegt Gesetzen und Zwängen, wird also von außen bestimmt (heteronom) und ist auch der Zeit unterworfen: Er ist vergänglich, und die Erfahrungen, die man im Laufe der Zeit gemacht hat, schlagen sich hier nieder.
- Zum anderen hat er Teil an der Welt des Geistes und der **„Ideen"** (= moralische Ideale). Der **Geist** kann alle Beschränkungen von Zeit und Raum, alle äußeren und inneren Zwänge hintanstellen, ist selbstbestimmt (autonom). In diesen Bereich gehört auch die Sittlichkeit des Menschen, denn moralische Gesetze gelten – nach Ansicht Kants und Schillers! – überall und immer.

Der Mensch muß, wenn er wirklich Mensch sein will, seine **körperliche Begrenztheit überwinden** und in die Welt des Geistes stoßen. Das tut er **kraft seines Willens**, der Teil seiner Geistnatur ist: *Kein Mensch muß müssen [...]. Der Wille ist der*

Geschlechtscharakter des Menschen [...]. Alle anderen Dinge müssen; der Mensch ist das Wesen, welches will (aus Schiller: »Über das Erhabene«[1]).

Während Dinge und andere Lebewesen den natürlichen Gegebenheiten unterliegen, kann der Mensch sich davon befreien, und zwar mit Hilfe von Vernunft, Verstand und Einsicht. Die Klassik verbindet also Gedanken der Aufklärung (Vernunft-Prinzip) und des Sturm und Drang (Autonomie des Individuums) zu einer neuen Einheit – Schiller verdrängt die Geisteswelt seiner Jugend keineswegs. Uns mag die Betonung der **absoluten Willensfreiheit** befremdlich erscheinen; doch kann man sich tatsächlich von an sich naturgegebenen Bedürfnissen lösen, wenn man z.B. bei Hungerstreiks körperliche Bedürfnisse überwindet oder sogar den Tod in Kauf nimmt.

1.2 Freiheit und Moral

Im Zentrum von Kants und Schillers Gedankenwelt steht der Versuch, den Menschen vom **heteronomen**, d.h. von außen bestimmten, zum **autonomen**, d.h. selbstbestimmten, Wesen zu machen; sich selber Gesetze zu geben und selbständig zu denken heißt aber nicht, einfach zu tun, wozu man gerade Lust hat; der Mensch ist vielmehr als Vernunftwesen der Sittlichkeit verpflichtet, also einem Geflecht moralischer Normen. Diese sind nicht willkürlich und beliebig; es gibt so etwas wie ein natürliches Sittengesetz, das der Mensch nur zu erkennen braucht – kraft seiner Vernunft und gegen die Einflüsterungen seiner Triebe, Neigungen und Gelüste. Freiheit bedeutet also, sich von der Triebseite (dem Körperlichen, Tierhaften) zu lösen; das bedeutet aber auch, sich nicht von außen zu etwas zwingen zu lassen.

Vernunft, Freiheit und Ethik gehören zusammen: Der vernünftige Mensch befreit sich von Zwängen, um moralisch handeln zu können. Erst die Vernunft ermöglicht, moralische

1 Schiller, Friedrich: Werke, Band 2. München/Wiesbaden (Emil Vollmer Verlag) ohne Jahr, S. 760.

Prinzipien zu erkennen; und Freiheit ist insofern eine Voraussetzung moralischen Handelns, als dieses eben immer mit Wählen-Können zu tun hat. Wenn ich unfrei bin, habe ich keine Wahl – mein Handeln kann dann nicht als „gut" oder „schlecht" beurteilt werden. Doch selbst im Gefängnis kann ich frei sein – nämlich geistig.

Wie kann ich nun frei und sittlich zugleich werden? Hier sind zwei Fälle zu unterscheiden.

1.3 Die Befreiung von inneren Zwängen

Zum einen bestimmen innere Zwänge den Menschen: Er tut etwas aus Trieben, Gefühlen, Instinkten heraus; dabei wird er von seiner Lebensgeschichte (z. B. Kindheitserfahrungen) beeinflußt. In der Praxis kommt es nun regelmäßig zu Konflikten zwischen den Neigungen und dem sittlich Gebotenen.

- **Handeln aus** bloßer **Neigung** ist, so unsere beiden Philosophen, **verwerflich**, unvernünftig, und es macht **unfrei**. (Denken Sie daran, was geschähe, wenn z. B. jeder seinem Sexualtrieb freien Lauf ließe! Viele, die stark von ihrer Sexualität bestimmt werden, erleben sich als unfrei.)
- Akzeptabel und **befreiend** ist nur ein **Handeln aus „Pflicht"**, d. h. aus der Einsicht in das moralisch richtige Tun, das Neigungen überwindet – so sah es Kant. Schiller ging weiter: Gut und befreiend ist auch ein **Handeln aus** einer **Harmonie von Pflicht und Neigung** heraus.

Schiller weist den positiven Wegen bestimmte Begriffe zu:

- **„Erhaben"** ist, wer bewußt eigene Bedürfnisse unterdrückt, um moralisch richtig zu handeln; auf den Betrachter wirkt er „würdevoll".
- Eine **„schöne Seele"** hat, wer Pflicht und Neigung vereint, wer also dem Gefühl vertrauen kann, um moralisch zu handeln; er wirkt „anmutig". Schiller betonte diesen harmonischen, unverkrampften und deshalb „schönen" Weg, um Schönheit und Kunst einen angemessenen Platz in der moralischen Welt zuweisen zu können (s. S. 51f.).

1.4 Die Befreiung von äußeren Zwängen

Sie erinnern sich: Laut Schiller ist das Wesen des Menschen das Wollen, das der Dinge das Müssen (s. S. 40). Wenn nun gegen einen Menschen **Gewalt** ausgeübt wird, kommt dies einem **Verlust seines Mensch-Seins** gleich. Erst recht gilt dies für den Tod als völlig unbeeinflußbare Form der Gewalt – ein nach wie vor aktueller Gedanke, geprägt von der Menschenrechtslehre des 18. Jahrhunderts. Wie kann sich der Mensch Mensch-Sein und Freiheit im Angesicht von Gewalt oder Tod bewahren?

Schiller sieht grundsätzlich zwei Möglichkeiten:

- den **„realistischen Weg"**, nämlich durch Gegenwehr (welcher Art auch immer) oder Kampf – **Gewalt** soll also **faktisch vernichtet** werden; das Problem dabei: In bestimmten Situationen (wenn man z. B. zum Tode verurteilt worden ist und keine Rettungsmittel mehr vorhanden sind) ist der Tod nicht vermeidbar – letztlich kann der Tod als solcher sogar nie verhindert werden!
- auf dem **„idealistischen Weg"**: Gewalt soll **auf gedanklich-geistigem Wege vernichtet** werden – das sei immer möglich!

1.5 Anwendung von Schillers Philosophie auf »Maria Stuart«

Maria widerfährt Gewalt, ja ihr droht der Tod. **Vier Akte** lang geht sie den **realistischen Weg**, versucht auf verschiedensten Wegen, ihr Schicksal abzuwenden. Noch kurz bevor sie erfährt, daß die Hinrichtung stattfinden werde, hofft sie auf Rettung (vgl. V/1, V. 3388–96). Marias körperliche Seite mit ihrem **Überlebenstrieb dominiert**. Daß sie am Ende von III/4 (teils schon während des Gesprächs) all ihre **Aggressionen**, die sich in vielen Jahren angestaut haben, Elisabeth ins Gesicht schleudert und damit bewußt-unbewußt eine große Chance vergibt, ist noch kein „idealistischer Weg", kein Akt geistiger Freiheit oder gedanklicher Umdeutung der erlittenen Gewalt, sondern ein **Racheakt**, der für Schiller dem körperlich-triebhaften Teil entspringt. Er ist menschlich verständlich, angesichts der Situation respekterheischend, doch **kein Ausdruck geistiger**

Freiheit. Zu sehr litt ihre Seele all die Jahre, als daß sie schon frei sein könnte. Ihr „Dampf-Ablassen" ist aber notwendig, um frei zu werden für den anderen Weg.

Den **idealistischen Weg** geht Maria erst, als Paulet mitteilt, daß gerade das Schafott errichtet werde, und sie die absolute Aussichtslosigkeit ihrer Lage erkennt. In diesem Moment ereignet sich der Wechsel: *Man löst sich nicht allmählich von dem Leben! / Mit einem Mal, schnell, augenblicklich muß / Der Tausch geschehen [...]* (Hanna Kennedy in V/1, V. 3402–04).

Maria kann ihr Schicksal durch die **gedankliche Umdeutung des bevorstehenden Todes** akzeptieren: sie sieht ihn nicht mehr länger als Gewaltakt, sondern nimmt ihn freiwillig als **Sühne** für ihre Verwicklung in den Mord an ihrem zweiten Gatten auf sich, aber ausdrücklich nicht als Sühne für die ihr vorgeworfenen Straftaten, denn die habe sie nicht begangen (vgl. V/7, V. 3729–30). All das wird in der Beichtszene V/7 klar. Nun ist Maria ein „moralischer" Mensch, hat ihre Körperseite überwunden und ist endlich wirklich **frei**. – Aber ist sie nun auch eine „schöne Seele"?

1.6 Maria Stuart: Eine „schöne Seele"? Oder „nur" ein „erhabener Charakter"?

Die meisten Interpreten (z. B. Sautermeister und Herrmann/Herrmann)[1] sehen in Maria Stuart das Ideal der „schönen Seele" (s. S. 41) verwirklicht. Für diese These spricht, daß Maria gefaßt und mindestens auf den ersten Blick frei von unsittlichen Impulsen wie Haß oder Rachsucht ihr Schicksal als Sühneakt akzeptiert; ja sie verzeiht sogar Elisabeth und entschuldigt sich bei dieser wegen ihres Verhaltens beim Königinnentreffen (vgl. V/8, V. 3781–85). Damit erfüllt sie ihre moralische „Pflicht". Zugleich scheint ihr Auftreten im 5. Akt nichts Angespanntes zu haben, ist es ihr ein inneres Anliegen, den Sühnetod zu sterben, steht sie über Jammer und Hoffnung auf

1 Sautermeister (s. S. 38), S. 321f.; Herrmann/Herrmann (s. S. 38), S. 84.

Rettung – offenbar sind Pflicht und Neigung harmonisch vereint, die Bedingungen dafür, eine „schöne Seele“ zu sein, mithin erfüllt.

Man kann in Maria aber auch „nur“ einen erhabenen Charakter sehen, wenn man folgende Äußerungen Schillers bedenkt:[1]

- Die „schöne Seele“ weiß gar nicht um die Schönheit ihres Handelns, wird also auch nicht ihre moralische Vollkommenheit selbstdarstellerisch betonen können.
- Sollte die Moral eine übermenschliche Handlung verlangen (z. B. die Überwindung des Wunsches zu leben), erschiene es dem Zuschauer unrealistisch, weil nicht der menschlichen Natur gemäß, wenn die Dramenfigur alles mit Leichtigkeit und Anmut – Merkmale der „schönen Seele“ – ertrüge. Vielmehr sei Würde der angemessene Ausdruck, falls jemand übermenschlich handeln muß – und Würde ist eine Eigenheit des erhabenen Charakters, der mit Anstrengung der Pflicht zum Sieg über die Neigung verhilft.

Wie steht es nun diesbezüglich bei Maria? Für eine „schöne Seele“ betont sie zu deutlich, wie sehr sie sich überwunden und die geistige Freiheit gefunden hat: *Die Krone fühl ich wieder auf dem Haupt, / Den würd'gen Stolz in meiner edeln Seele!* (V/6, V. 3493f.); *Ihr seid zu Eurer Königin/Triumph […] gekommen* (V/6, V. 3496f.). Krone, Stolz, Triumph – das sind schon sehr irdische Vokabeln. Natürlich mußte Schiller, um ihren Seelenzustand deutlich zu machen, sie diesen selbst beschreiben lassen – aber solche Worte sind einfach nicht „schön“, sondern kehren die eigene Moralität zu betont hervor. Gegen Elisabeth hegt sie zwar wohl keinen Groll mehr (vgl. V/8, V. 3781–86); doch als sie Leicester, über dessen Doppelspiel sie ja inzwischen informiert ist, begegnet (angeblich habe sie schon Haß und Liebe Gott geopfert und fürchte keinen Rückfall, vgl. V/7, V. 3761f.), fällt sie beinahe in Ohnmacht und vernichtet ihn mit ironischen Worten, als er sie auffängt:

---

1 Schiller, Friedrich: Über Anmut und Würde. In: ders.: Werke, Band 2. München/Wiesbaden (Emil Vollmer Verlag) ohne Jahr, S. 531 und 540.

Ihr haltet Wort, Graf Leicester – Ihr verspracht / Mir Euren Arm, aus diesem Kerker mich / Zu führen, und Ihr leihet mir ihn jetzt! (V/9, V. 3819–21). Spricht so eine „schöne Seele", die jeden Haß geopfert hat? Schiller hat Maria den ganzen Akt über als überirdische Heilige stilisiert (siehe Regieanweisungen oder Worte wie in V/9, V. 3828f.); ein so menschlicher Zug wie ihre Spitzen gegen Leicester läßt Kratzer auf dem Bild entstehen. Schiller brauchte freilich diesen Auftakt zur Darstellung der Bestrafung aller „Bösewichte" (vgl. V/10–15).

Fazit: Einiges spricht – allerdings gegen die Aussagen mehrerer Interpreten – dafür, daß **Maria mehr eine „erhabene" als eine „schöne" Seele** ist und insgesamt ein gemischter Charakter – für eine „schöne Seele" hat sie wohl auch ein zu bewegtes, lasterhaftes Leben ... Diskutieren Sie doch die unterschiedlichen Sichtweisen mit Ihrem Lehrer!

1.7 Und die anderen Figuren?

Von Shrewsbury abgesehen – dem guten Alten, der am Schluß resigniert sein Amt niederlegt – werden alle „Haupt-Nebenfiguren" in einer Art und Weise, die ihren Untaten entspricht, **bestraft**: Der gewaltsame **Mortimer** tötet sich selbst (immerhin noch ein Akt der Größe); der intrigante **Leicester** hat alles gewagt und alles verloren, er geht (recht feige) ins Exil, ohne irgendeine Königin oder ein Königreich gewonnen zu haben; der harte **Burleigh**, der sich ganz dem Staat verschrieben hat, wird ausgerechnet aus der Politik verbannt; und **Elisabeth**, die alle Mittel eingesetzt hat, um von allen geliebt zu werden und so ihr Minderwertigkeitsgefühl auszugleichen, steht am Gipfel ihrer Herrschaft zwar durch nichts mehr gefährdet da, aber moralisch minderwertig und, wie das so am Gipfel ist, allein, einsam, isoliert.

Elisabeth hat – angesichts der Forderung der Klassik, daß der Mensch sich ständig weiterentwickeln müsse, ein gewaltiges Versagen – **nichts dazugelernt**, ist immer nur den realistischen Weg gegangen (wie Leicester, Mortimer und Burleigh auch).

Sie hat sich so nur faktisch von der ihr durch Maria drohenden Gewalt befreien können, **moralisch-geistig** bleibt sie **unfrei** – das zeigen ihre Reaktionen, als sie von der Hinrichtung erfährt. Brutal treibt sie ihr Doppelspiel weiter, bestraft Unschuldige (vgl. V/14f.), steht nicht zu ihren noch unmittelbar vorher (vgl. V/11, 12) geäußerten Hoffnungen auf Marias Tod. Bis zuletzt bleibt sie (fremd-) bestimmt von ihren Trieben und ihrer Persönlichkeitsstruktur, unfähig, zur geistigen Welt der wirklichen Freiheit und Selbständigkeit durchzustoßen. Sie ist deshalb weder „erhaben“ noch „schön“, sondern unmoralisch und unfrei.

Schiller, der Psychologe, läßt freilich ihr Verhalten verständlich werden, ohne es zu entschuldigen: Die Gefährdungen, denen sie in ihrer Jugend ausgesetzt war, prägten sie (vgl. II/3, V. 1377–83; IV/10), ließen in ihr ein Ohnmachtsgefühl und einen Minderwertigkeitskomplex entstehen, die sie sinnvoll nicht bewältigen konnte, und zwar auch deshalb nicht, weil sie ja zeit ihrer Herrschaft weiter gefährdet blieb. Ihre Unschlüssigkeit und ihr beharrlicher Versuch, es sich ja nicht mit dem Volk, von dem sie abhängig ist, zu verderben, sind genauso Folge und Ausdruck ihrer Persönlichkeitsdeformation wie ihre ständige Selbstdarstellung und ihre Suche nach Bestätigung. Wie soll so jemand Vertrauen und Selbstbewußtsein aufbauen können außer durch unglaubliche Selbstüberwindung oder die Hilfe wirklich ehrlicher Freunde? Ehrlichkeit war aber nun weder ein Charakteristikum des elisabethanischen Hofes, wie Schiller ihn darstellt, noch eines der Höfe des 18. Jhs.

2. Aufklärerische Sicht von Herrschaft und Recht

Der Kampf der Königinnen ist ein Kampf um die Herrschaftslegitimation. Das Thema der Auseinandersetzungen fast aller Beteiligten ist die Herrschaftspraxis. Beides hängt eng mit der Rolle und dem Verständnis von Recht zusammen.[1]

---

1 Zum Teil stütze ich mich im folgenden auf Sautermeister (s. S. 38).

2.1 Die Rechtfertigung von Herrschaftsansprüchen

Die Argumente der Rechtfertigung von Herrschaftsansprüchen prallen aufeinander, ohne daß für die Figuren oder für die Zuschauer zu Schillers Zeiten eine Entscheidung möglich wäre. Für Maria spricht als ein damals juristisch gewichtiges Argument ihre lupenreine Herkunft, gegen Elisabeth eben der Makel an ihrer fürstlichen Geburt (vgl. IV/10, V. 3223); dafür kann sie (historisch korrekt) die Unterstützung durch das Volk (vgl. II/2, V. 1122–24; II/3, V. 1423f., 1309f.; IV/7–8) und das Parlament (vgl. II/3, V. 1420f.) anführen.

Nun ist das Problem der Herrschaftslegitimation zu Zeiten Schillers hochbedeutsam: Einerseits herrschen – vor allem in Deutschland – weitgehend unangefochten Adel und Könige, die ihre Macht dynastisch legitimieren; andererseits führen die Amerikanische und die Französische Revolution als Kinder der Aufklärung die demokratische Regierungsform vor Augen, und auch der klassische Schiller vertrat, obschon kein Revolutionär, durchaus den Gedanken der Volkssouveränität (Volk als Urträger der Herrschaft), nachlesbar in der Schrift »Die Gesetzgebung des Lykurgus und Solon«. Elisabeth scheint vor diesem Hintergrund eigentlich mehr Recht auf die Krone zu haben als Maria, die ja nur das dynastische Prinzip anzubieten hat. Daß Elisabeth trotzdem so dargestellt wird, als sei sie im Unrecht, hat damit zu tun, daß es Schiller in diesem Stück allenfalls am Rand bzw. nur oberflächlich um die Frage der Herrschaftslegimation ging.

2.2 Beugung des Rechts durch Elisabeth

Entscheidend ist vielmehr der Umgang der Beteiligten mit dem Recht als solchem, als Teil der Praxis von Herrschaft. Das **Recht** als etwas für alle Menschen gleich Gültiges, als **Basis der Beziehungen der Menschen** zueinander war ein aufklärerischer Grundgedanke; er sorgte dafür, daß der reine Absolutismus früherer Jahrhunderte im 18. Jahrhundert vom **aufgeklärten Absolutismus** abgelöst wurde – zumindest in der Theorie und in der Praxis einiger Länder. Prototyp des aufgeklärten Herrschers war Preußens Friedrich II.; er sah sich als erster Diener seines Staates und verstand als Hauptaufgabe u. a. die unbestechliche Rechtspflege. Das Bürgertum, politisch praktisch machtlos, aber philosophisch-moralisch Träger des aufklärerischen Fortschritts (daraus bezog es sein Selbstbewußtsein), wünschte die Rechtssicherheit, erlebte aber zugleich Rechtsbeugungen durch die vielen unaufgeklärten Fürsten und Adeligen (Schiller hatte das schon z. B. in »Kabale und Liebe« thematisiert). Das Drama »Maria Stuart« führt diese Situation anschaulich vor Augen, und dabei schneidet Elisabeth sehr schlecht ab.

Sie gibt sich nämlich den Schein eines aufgeklärten Herrschertums, obwohl sie eigentlich unumschränkt absolutistisch herrschen will; in Elisabeths Monolog (vgl. IV/10) wird dies überdeutlich. Nur weil sie in ihrem Herrschaftsanspruch vom Volk abhängig ist, hat sie ihr Leben lang *Gerechtigkeit geübt, / Willkür gehaßt* (V. 3200f.). Da die deutsche Aufklärung (anders als die englisch-amerikanische!) primär eine Gesinnungsethik vertrat (für die Beurteilung einer moralischen Handlung sind die Motive entscheidend, nicht die Tat als solche), war Elisabeth natürlich für Schiller und die Zuschauer „unten durch“. Aus heutiger Sicht ist das zweifellos anders: Entscheidend sind (für die meisten von uns) das Handeln und seine Folgen – ob der Akteur dabei nur hehre Motive gehabt hat, ist zweitrangig.

Elisabeths rechtliches Handeln ist mindestens im „Fall Maria Stuart“ **moralisch verwerflich**. Recht und Gerichte stehen hier nämlich nicht im Dienste einer höheren, unabhängigen Gerechtigkeit, sondern zum einen im Dienste der **Staatsräson** (Vorteil des Staates als entscheidendes Kriterium des Handelns). Diese Auffassung vertritt ganz offen **Burleigh** (vgl. II/3, IV/9), und auch Leicester setzt es als taktisches Argument ein (vgl. II/3, V. 1440f.): Maria sei nämlich eine Gefahr für die politische und konfessionelle Unabhängigkeit Englands. Um den Erhalt dieser Freiheit geht es Burleigh vor allem; Elisabeth ist ihm „nur“ Garantin dieses Fortschritts, ihre Sicherheit und

Herrschaft damit jedoch unabdingbar. Was aber noch schlimmer ist: das Recht wird zusätzlich aus **persönlichen Motiven** gebeugt. Elisabeths ganze Frustration über die Opfer, die sie als Mensch und Frau für ihr Amt hat bringen müssen, ist eine der entscheidenden Triebfedern ihres Handelns (vgl. II/2, II/9, IV/10); Maria Stuart gilt ihr als Verursacherin dieses Leids, als vom Schicksal begünstigt, da jene ihre Leidenschaften habe ausleben dürfen (vgl. II/9) – daß Maria in Wirklichkeit gerade als Frau genauso bankrott ist wie sie selbst, dafür verstellt ihr der Neid den Blick.

Maria, die mit ihrer Vergangenheit und ihrer Gesinnung eigentlich das antibürgerliche, undemokratische dynastische Prinzip vertritt, profitiert hinsichtlich ihrer Sympathiewerte bei Schiller und Zuschauern von dem Amts- und Rechtsmißbrauch Elisabeths, auch wenn er sich offensichtlich nur auf Maria bezieht. Welcher Art die Mißbräuche sind, schleudert Maria Burleigh schon am Anfang des Stücks entgegen (vgl. I/7), und Shrewsbury wiederholt sie (vgl. II/3, IV/9):

- **zweifelhafte Rechtsbasis:** Ein nur auf Maria gemünztes Gesetz wird gegen diese angewandt,
- **parteiische Richter:** vom Königshaus abhängige Adelige,
- **offenkundige Verfahrensfehler:** keine Gegenüberstellung von Beklagter und Zeugen (obschon vorgeschrieben),
- **unglaubwürdige Beweise** und Zeugenaussagen (zum Teil von Zeugen, die im Eilverfahren hingerichtet wurden); daß die ganz wesentliche Aussage von Marias Sekretär ein Meineid war, erfährt man ja noch im 5. Akt,
- **fragwürdige Zuständigkeit des Gerichts:** Maria ist Ausländerin und gesalbte Königin (in der Tat war Maria die erste gekrönte Königin der europäischen Geschichte, die hingerichtet wurde!).

2.3 Der Zuschauer als Richter

Burleigh versucht zwar, die Rechtsbeugung zu widerlegen: Er verweist darauf, daß sich die Richter weder unter Druck setzen noch bestechen lassen würden, da sie die allseits respektierten ersten Männer dieses Landes und deshalb völlig selbständig und ohne *Fürstenfurcht* seien (vgl. I/7, V. 742–61). Diese beschönigende Argumentation kannten aber die Zeitgenossen Schillers aus der fürstlichen Propaganda; daß „Fürstenfurcht" trotzdem die Gerichte prägte, wußten alle.

So wird der **Zuschauer zum Richter** über einen typischen Fürsten. Schon die Anlage vieler Szenen ist darauf abgestimmt: Wie vor Gericht werden Reden gehalten, wird juristisch argumentiert, werden Zeugen und Beweise vorgeführt – und wird der falsche Schein aufgedeckt, mit dem die Beteiligten sich und ihre Taten zu verhüllen suchten.

Sprachrohr Schillers (und des bürgerlich-aufgeklärten Zuschauers) auf der Bühne ist der alte **Shrewsbury**, der schon deshalb sympathisch wirkt, weil er rechtliches Denken mit Standfestigkeit, Offenheit und menschlichen Gefühlen (seine Liebe zu Maria; vgl. II/3) verbindet. Shrewsbury nimmt Elisabeth alle Ausflüchte, wenn er ihr sagt, daß sie allein entscheiden könne und müsse und sich von etwas Wandelbarem wie der öffentlichen Meinung nicht beeinflussen lassen dürfe (vgl. II/3, V. 1323–41; IV/9, V. 3083–88). Damit spricht er zwar innerhalb der Situation die absolute Herrscherin an (deshalb argumentiert er auch oft in Kategorien der Staatsräson!), von Schillers Absicht her aber vertritt er einen aufklärerischen Grundgedanken: daß das Individuum sich nicht von außen in seinem Urteil bestimmen lassen dürfe, sondern autonom entscheiden müsse, dies aber auf der Basis seiner Vernunft, die ihm das moralisch Richtige vermittelt. Außerdem malt Shrewsbury der Königin aus, was passieren würde, wenn sie sich Marias aus persönlichen Motiven (Haß, Eifersucht) entledigen und somit (das meint er, ohne es auszudrücken) das Recht beugen würde: *Furcht, die schreckliche Begleitung/ Der Tyrannei, wird schaudernd vor dir herziehn* (IV/9, V. 3134f.). Und er spricht den bürgerlichen Zuschauern aus dem Herzen (und referiert ihre Erfahrungen), wenn er feststellt: *Welch Haupt steht fest, wenn dieses heil'ge fiel!* (V. 3138).

3. Die Aufgabe des Theaters

Das Theater hatte in Schillers Zeit einen wesentlich höheren Stellenwert als heutzutage. In seiner Schrift **»Die Schaubühne als eine moralische Anstalt betrachtet«**[1], die er in der frühesten Form 1784 als Rede hielt, beschrieb Schiller diese Ansprüche. Er entfaltet darin ein Modell, das im Kern auf **Aristoteles** zurückgeht und gerade im 18. Jh. diskutiert und teils modifiziert wurde, z. B. von Lessing: Jede Form der Kunst soll sowohl belehren als auch unterhalten. Bei den **Tragödien** vollzieht sich die Belehrung mit Hilfe der starken Gefühle **Furcht** und **Mitleid**, die der Zuschauer gegenüber dem Schicksal des Helden entwickelt, so daß er sich in einer Art innerem Reinigungsprozeß (**„Katharsis“**) von den auf der Bühne dargestellten Vorgängen beeinflussen läßt und zu einem besseren Menschen wird.

Schiller sieht die Bühne

- als Ort der **Gerichtsbarkeit**: Wenn die tatsächlichen Rechtsorgane versagen, übernimmt das Theater die Richterfunktion und entlarvt Verbrechen und Unmoral – in »Maria Stuart« z. B. Elisabeths Rechtsbeugungen und Heuchelei;
- als **Bildungseinrichtung** und Ort der **Wahrheit**: Man lernt Schicksale und ihre Hintergründe kennen; nur hier können die Mächtigen die Realität erleben, z. B. (was Schiller aber nicht so deutlich ausspricht) die Unmoral der höfischen Menschen – Standardthema der Autoren seit Lessings »Emilia Galotti« und zentrales Motiv in »Maria Stuart«;
- als **Schule des Lebens** und **therapeutische Einrichtung**: man lernt – am Vorbild und durch stellvertretende Abhärtung – schwere Schicksale ertragen (der Depressive z. B. weint hier *mit fremden* [sic] *Kummer seinen eigenen aus – der Glückliche wird nüchtern und der Sichere besorgt*), entwickelt aber auch Empfindungs- und Einfühlungsvermögen; das Leben beginnt wieder in einem zu erwachen;

1 Im folgenden zitiert nach: Schiller, Friedrich: Werke, Band 2. München/Wiesbaden (Emil Vollmer Verlag) ohne Jahr, S. 434–442.

- als **Ort gesunder Unterhaltung**: der Ort, *wo sich Vergnügen mit Unterricht, Ruhe mit Anstrengung, Kurzweil mit Bildung gattet.* Schiller war nicht der weltabgehobene Idealist, wie man ihn gerne sieht – er war auch Theaterpraktiker, wußte, daß die Leute „eine gute Story" sehen wollten. An Spannung läßt »Maria Stuart« wirklich nichts zu wünschen übrig;
- als **Schule der Moral**: In »Maria Stuart« entfaltet Schiller seine ganze Ethik und Freiheitsphilosophie;
- als Ort der **Gleichheit**: Das Theater vereint als Zuschauer Menschen aus allen Regionen und Schichten;
- und schließlich als Ort, an dem die Menschen, *durch eine allwebende Sympathie verbrüdert [...] ihrer selbst und der Welt vergessen und ihrem himmlischen Ursprung sich nähern* und erkennen, was es heißt, **ein wahrer Mensch zu sein**.

Greifen wir auf Schillers Menschenbild zurück, so sehen wir: Das Theater soll sowohl die Sinnlichkeit des Menschen ansprechen als auch seinen Geist, und in einem so harmonischen Zustand kann der Zuschauer das Schöne genießen und empfinden. Dies hilft ihm, ein idealer Mensch, „erhaben" oder gar eine „schöne Seele" zu werden.

Damit enthüllt sich auch die **gesellschaftlich-politische Funktion der Kunst** im allgemeinen: Wenn alle Menschen selbst „erhaben" oder „schön" sind, wird Schillers Utopie eines **Vernunftstaates** erreicht sein, in dem freie, autonome, vollendete Bürger vernünftig miteinander leben. Die **Kunst** hat auf diesem Wege eine **wichtige Aufgabe**: Sie stellt das Erhabene und Schöne dar, hilft dem Menschen, seine Empfindungsfähigkeit dafür zu entwickeln, und **erzieht** ihn so **zum vollendeten Bürger**. Eine äußere Reform braucht es also nicht – wahre Reformen der menschlichen Gesellschaft kommen durch veränderte Gesinnungen, durch bessere Menschen.

Dieses Modell von Zukunft, Politik und Geschichte wird noch deutlicher, wenn man betrachtet, wie Schiller mit den historischen Fakten umgegangen ist.

4. Schillers Geschichtsbild in »Maria Stuart«[1]

Wer sich mit den historischen Hintergründen von »Maria Stuart« beschäftigt hat, wird sich überrascht fragen: Wie konnte nur ein Geschichtsprofessor in seinem Drama die historischen Fakten so verändern?

Daß er die in Wirklichkeit Jahre umfassende Handlung auf drei Tage zusammenballte, ist am ehesten akzeptabel – als Notwendigkeit, die sich aus den Bedingungen der Einrichtung „Theaterstück" ergibt (s. S. 31f.). Z. B. war Kardinal von Guise (vgl. I/6) schon zwölf Jahre vor Maria gestorben; Aubespine unterstützte tatsächlich Verschwörer, aber andere und Jahre vor Marias Tod.

Reine Erfindung (nicht Schillers, sondern schon früherer Bearbeiter des Stuart-Stoffes) ist das Königinnentreffen; Mortimer existierte (wie Okelly) ebenfalls nicht, trägt aber deutliche Züge eines Verschwörers gegen Elisabeth, den es tatsächlich gab (Parry); Shrewsburys persönliche Haltung gegenüber Maria war in der Tat wohlwollend, er war aber nie Lordsiegelbewahrer (vgl. V/15), und seine politische Position gegenüber dem Problem Maria ist ansonsten unbekannt; Leicester war wirklich Elisabeths „Favorit", seine Liebesbeziehung zu Maria ist aber Erfindung. (Die historische Elisabeth wollte ihn übrigens mit Maria nach deren Ankunft in Schottland verkuppeln, vgl. II/7, V. 1762–65, aber beide Kandidaten wollten voneinander nichts wissen.) Solche Beispiele zeigen: **Schiller vermischte „Dichtung und Wahrheit"** kunstvoll miteinander. Es ging ihm also offensichtlich nicht um Wissensvermittlung; die aufgeführten Veränderungen waren meist **aus dramaturgischen Gründen** nötig (Motivkonzentration, Gestalten eines dramengerechten Handlungsrahmens), manchmal hängen sie bereits mit seiner **Philosophie** zusammen (z. B. die Erfindung Mortimers oder die Shrewsbury in den Mund gelegten Ausführungen).

1 Sachlich folge ich Herrmann/Herrmann (s. S. 38), bei der Beurteilung der Fakten sehe ich freilich manches anders.

Von größerer Bedeutung sind jedoch drei andere Aspekte:

- In der Realität war Maria bei ihrer Hinrichtung 44 Jahre alt, Elisabeth 53. Schiller veränderte das Alter ausdrücklich: Maria sollte etwa 25, Elisabeth höchstens 30 sein. Er begründete sein Vorgehen damit: *Weil mir alles daran liegt, daß Elisabeth [...] noch eine junge Frau sey, welche noch Ansprüche machen darf*[1]. Nur dann nämlich ist der Kampf der beiden Königinnen, der sich ja sehr stark auf der persönlichen Ebene abspielt (Elisabeths Neid auf Marias Erfolg bei den Männern; Marias sexuelle Anziehungskraft), glaubwürdig. Andererseits zeigt das Verfahren: Schiller sah in einem politischen Ereignis die **persönliche Ebene als hochbedeutsam** an.

- Schiller lobte sonst Elisabeth und England als Verfechter religiöser und politischer Freiheit (in Abgrenzung zu Spanien, dem damaligen Hauptgegner Englands). Ganz anders in »Maria Stuart«! Der für Bürger des 18. Jhs. wichtige **Gegensatz zwischen feudalem Rückschritt** (Spanien) **und bürgerlichem Fortschritt** (England) wird ignoriert, ebenso der konfessionelle Fortschritt (Abwehr der Gegenreformation, Schutz des Protestantismus), den der Protestant Schiller an Elisabeth sonst schätzte. Vielmehr preist das Drama die Sinnlichkeit des Katholizismus (vgl. I/6) – wohl deshalb, weil Schiller Vernunft und Sinnlichkeit harmonisch verbunden wissen wollte. Ansonsten sind die **tatsächlichen außenpolitischen und konfessionellen Aspekte** für ihn **offensichtlich irrelevant**.

- Die Figuren, vor allem die **mächtigen Männer** an Elisabeths Hof, **agieren im Stück als einzelne**. In der geschichtlichen Wirklichkeit des 16. Jhs. waren sie jedoch Vertreter mächtiger Adelsgruppierungen mit durchaus unterschiedlichen Interessenslagen. Wesentliche politische Kräfte der Zeit (das

---

1 Brief an den Berliner Theaterdirektor Iffland vom 22. 6. 1800; zitiert nach Grawe (s. S. 38), S. 4.

Parlament, das sich viele Rechte erkämpfte; das Londoner Volk) werden zwar erwähnt und haben einen (allerdings negativen) Einfluß, handeln aber nicht offen auf der Bühne.

Fazit: An der realen außen- und innenpolitischen Situation war Schiller nicht interessiert. Er **reduziert Geschichte** und Politik vielmehr auf einen **Konflikt, der von Individuen getragen wird**, und zwar solchen des **Hochadels**. Sie werden in der Regel bestimmt von sehr persönlichen, oft richtiggehend triebhaften Interessen (Elisabeth, Leicester, Mortimer, zum Teil auch Shrewsbury und Maria), Machtansprüchen (Elisabeth, Burleigh, Maria) und ideologischem Fanatismus (Burleigh, Mortimer), selten von Moralität (Shrewsbury, Paulet). In der Politik sind alle Einzelkämpfer, Konkurrenten, die den anderen zum Objekt machen: Leicester spielt mit allen, Elisabeth mit fast allen, selbst Maria mißachtet die Bedürfnisse und Bemühungen Mortimers und degradiert ihn zum Briefboten – all das ist für die aufklärerisch-klassische Idee vom Menschen, der nie zum Zweck gemacht werden darf (Kant), ein Alptraum! Das historisch so fortschrittliche bürgerliche „Volk" Englands tritt nur als dumpfe, aufgeputschte Masse auf (vgl. IV/7), ohne daß dabei sein Motiv, nämlich der Erhalt einer freiheitssichernden Königin (vgl. Burleighs Ausführungen in II/3, V. 1255–94 und IV/9, V. 3171–82), thematisiert würde! Die **Verderbtheit des herrschenden Absolutismus** ist zugleich durchgängiges Motiv, wobei freilich ignoriert wird, daß im absolutistischen Machtsystem eine Trennung von Privatsphäre und Politik nie existierte und gar nicht existieren kann. Die Personalisierung politischer Konflikte rückt den Einzelmenschen in den Vordergrund, das System tritt zurück.

Dieses Geschichtsbild spiegelt den **Pessimismus** wider, den Schiller in seinen letzten Jahren entwickelt hat. Wohl vor dem Hintergrund der Ereignisse nach der Französischen Revolution (z. B. die Massenhinrichtungen oder der Jakobinerterror) ist zu verstehen, daß er nicht daran glaubte, man könne durch eine Veränderung des Systems, z. B. der Staats- und Herrschaftsform oder der Rechtsordnung, wirklich eine bessere

Gesellschaft herstellen. Der Einzelmensch und sein Charakter ist es, der den Verlauf der Geschichte prägt. Unmoralische, egoistische Menschen können den Zustand eines Landes nicht verbessern, und wenn sie noch so viele Rahmenbedingungen verändern würden. Schiller setzt den schlechten Erfahrungen aus Vergangenheit und Gegenwart sein **Utopiemodell** entgegen: die Entwicklung des moralisch guten Menschen, der seine Freiheit in sich findet und sich von der Realität löst. Irgendwann einmal gibt es dann eine ideale Gesellschaft, nämlich wenn alle ihre Mitglieder ideale Menschen sind!

5. Schillers Frauenbild[1]

»Maria Stuart« ist auch ein Drama über die Schwierigkeiten von Frauen in einer Männerwelt, zumal von Frauen in „Führungsjobs" – ein schon vor 200 Jahren debattiertes Thema!

Ein wesentlicher geistiger Bezugspunkt von Aufklärung und Klassik war die **„Ordnung der Natur"**: Die Wirklichkeit enthalte unumstößliche, nicht vom Menschen geschaffene, sondern von der Natur vorgegebene Gesetze; dem, was natürlich sei, müßten sich der einzelne wie die Gesellschaft beugen. In dieser Zeit wurde nun auch ein Prozeß abgeschlossen, der mit dem Entstehen des Bürgertums begann: die Selbstfindung der Bürger, der Aufbau ihres Welt- und Menschenbildes. Das Bürgertum verband dabei den Begriff „natürliche Ordnung" mit seinen speziellen Interessen (z. B. Abgrenzung vom unterdrückenden Adel) und den Charakteristika seiner Lebensweise: Die durch die Wirtschaftsweise der Bürger bedingte Arbeitsteilung wurde nämlich auf die ebenfalls vom Bürgertum „erfundene" Kleinfamilie übertragen. Somit entstand das, was viele heutzutage noch als **angeblich „natürliche"**, **in Wirklichkeit** aber **historisch gewachsene Rolle der Frau** betrachten. Es

1 Basis der Ausführungen: die hierzu ungemein lesenswerten Arbeiten von Sautermeister (s. S. 38), S. 292–303 und Herrmann/Herrmann (s. S. 38), S. 107–111.

gab und gibt Gesellschaften, in denen die Rollen von Frauen und Männern ganz anders definiert sind. Im **Hochadel** z.B. übten viele Herrscherinnen ihre Funktion selbstbewußt und selbstverständlich aus, **verbanden Frau-Sein und Königin-Sein problemlos**. Schillers Geschichtsdrama ist mithin auch in diesem Punkt unhistorisch: Er übertrug Sichtweisen des Bürgertums des 18. Jhs. auf den Hochadel des 16. Jhs.!

Das **bürgerliche Frauenbild** entwerfen in »Maria Stuart« natürlich zum einen die Männer, aber bezeichnenderweise auch die Frauen: Von der Gebrechlichkeit und **Schwäche** des Weibes und ihrer **Unfähigkeit zu** (männlich) harten Aufgaben, z.B. der **Politik**, reden Burleigh (vgl. I/8, V.1018–21; V/9, V.3807f.), Shrewsbury (vgl. II/3, V.1343f., 1373), Leicester (vgl. II/8, V.1802, 1933–38) und Melvil (vgl. V/7, V.3740), weiterhin – im Gegensatz zu ihren faktischen Möglichkeiten und ihrem Tun – Elisabeth (vgl. IV/10, V.3221), obwohl sie dieselben Worte Shrewsburys streng tadelt (vgl. II/3, V.1374–76), und Maria (vgl. I/4, V.332). Frauen zeichnen sich zugleich durch **verführerische List** (vgl. I/1, V.5; II/6, V.1642–44; III/4, V.2405–08) und *[d]er hohen Schönheit göttliche Gewalt* (III/6, V.2572) aus, nehmen den Männern ihre Kräfte (vgl. II/8, V.1934–38), streben aber auch danach, sich ihnen zu unterwerfen (vgl. II/9, V.1970f.; III/6, V.2587f.). Ihre natürliche Aufgabe ist, einen **Mann durch ihre Liebe glücklich zu machen** (Mortimer, vgl. II/6, V.1652–56), ihre Freiheit aufzugeben und **Kinder zu bekommen** (Elisabeth, vgl. II/2, V.1169–84).

Männer sind (aus dem vorherigen ableitbar) geradlinig und mutig, die natürlichen Herrscher über die Frauen (vgl. II/2, V.1160–1210; III/6, V.2548), umgekehrt aber auch roh (vgl. V/9, V.3803–06; III/6, V.2589f.) und lüstern (vgl. Elisabeths Klage in II/9, V.1988 und Mortimers Verhalten in III/6).

Schiller entwirft sein Frauenbild auch in einigen lesenswerten Gedichten (»Das Lied von der Glocke«, »Würde der Frauen«, »Macht des Weibes«). Eine Kostprobe, die übrigens sehr nach Mortimers Worten über Elisabeth (vgl. II/6) klingt:

99 *Kraft erwart ich vom Mann, des Gesetzes Würde behaupt er,*
Aber durch Anmut allein herrschet und herrsche das Weib.
Manche zwar haben geherrscht durch des Geistes Macht und der Taten,
Aber dann haben sie dich, höchste der Kronen, entbehrt.
Wahre Königin ist nur des Weibes weibliche Schönheit.
(aus: »Macht des Weibes«[1])

Während in diesen Texten jedoch negative Frauenzüge fehlen, werden Männer (wie in »Maria Stuart«) nicht nur positiv gekennzeichnet – so jedenfalls aus unserer heutigen Sicht! Vielleicht hielt Schiller diese Eigenschaften aber für gut: umherschweifend, unstet, gewalttätig und weitgehend gefühlsgestört.

Neu ist in **»Maria Stuart«**, daß Schiller das **bürgerliche Frauenbild mehrfach in Frage** stellt, vor allem durch die Reden Elisabeths (vgl. II/2–3); in ihrem menschlichen Scheitern schwingt freilich auch Schillers Botschaft mit: daß Frausein und Königinsein einander ausschließen, weil letzteres eine Männeraufgabe ist. (Wenn umgekehrt Mortimers „Macho-Gehabe“ verworfen wird, ändert dies nichts an der Gesamtaussage.) Ansonsten verdeutlicht Schiller seine Ansicht so:

- **Elisabeth** hat sich der (angeblich) „natürlichen“ **Frauenrolle verweigert** und ganz die **„männliche“ Herrscheraufgabe übernommen**. Ihre Weiblichkeit verkümmerte unter den Bedingungen ihrer Jugend (vgl. II/3, V. 1377–87) und wegen ihres Pflichtbewußtseins (vgl. II/9, V. 1980–84) und war geradezu hinderlich bei der Sicherung und Durchführung ihres Herrscheramtes (die Ehe als Kette, vgl. II/2, V. 1211). Elisabeth hat ihre Weiblichkeit aber nicht abgelegt, sondern nur unterdrückt, und so drängt diese immer wieder empor – vor allem in Form eines **unstillbaren Bedürfnisses** Elisabeths

1 Schiller, Friedrich: Werke, Band 2 (s. S. 40), S. 153.

nach erotischem Zuspruch und **Bestätigung ihrer weiblichen Anziehungskraft** (vgl. II/9). Gerade diesen Wunsch nützt Leicester schamlos aus, um Elisabeth zu dem Königinnentreffen zu bewegen. Doch beim Thema Weiblichkeit, das Elisabeth im Gespräch mit Maria auch noch regelrecht sucht, erleidet sie zwangsläufig eine grausame und existentielle Niederlage. Mortimer gegenüber will sie mit ihren Reizen wirken und erreicht das Gegenteil (vgl. II/5). Die verdrängte Frau in Elisabeth möchte wahrgenommen werden, doch es gelingt nicht, und die Folgen sind für die Herrscherin Elisabeth niederschmetternd. Wäre sie doch, so Schiller, nur bei ihrer natürlichen Bestimmung geblieben – sie wäre glücklich geworden.

- **Maria** hingegen hat ihre **Weiblichkeit voll ausgelebt**, hat dadurch auf alle Männer gewirkt – und zwar so weit, daß diese sich für sie sogar geopfert haben (vgl. II/3, V. 1281–84), freilich durchaus mit dem Anspruch, über die Angebetete Macht zu erlangen (vgl. Mortimer in III/7, V. 2572–91). Ihrer Schönheit und Leidenschaftlichkeit ist sich Maria dabei durchaus bewußt, und sie steht dazu, daß sie dadurch moralische Verfehlungen beging, hüllt ihre weibliche Begierde also nicht in den Schein von Ehrsamkeit wie Elisabeth (vgl. III/4, V. 2421–24) – ein solches ehrliches Verhalten galt bei den Klassikern viel. Allerdings greift das Schein-Sein-Motiv auch bei Maria: Hinter ihrem schönen Schein verbarg sie in ihrer Jugend einen verwerflichen Charakter – die **Verführerinnen-Seite des Frau-Seins**.

Der Preis, den Maria für ihre ausgelebte Weiblichkeit zahlt, ist ihr **Versagen als Herrscherin**. Beide Figuren sollen also deutlich machen: Es ist in den Augen Schillers **für eine Frau unnatürlich, männliche – zumal politische – Aufgaben zu erfüllen**, und sie **wird daran scheitern**.

Aufgaben mit Lösungstips

Natürlich können wir nicht I h r e (Klausur-)Themen vorhersehen, aber erfahrungsgemäß gibt es recht typische Aufgaben. Zu Ihrer Beruhigung: Bei einem so anspruchsvollen Text werden selten völlig unvorbereitete Themen gestellt!

?! 1. Beliebte Erörterungsthemen mit Lösungstips

Zu den folgenden Erörterungsaufgaben finden Sie jeweils in Klammern die Seiten dieses Bandes, mit deren Hilfe Sie die Themen bearbeiten können!

- »Maria Stuart« als Ideendrama (s. S. 30, 39–46, 61f.)
- Schillers Freiheitsphilosophie in »Maria Stuart« (s. S. 39–46)
- Zeigen Sie die von den Klassikern erstrebte Einheit von Inhalt, Gehalt, Form und Thematik am Beispiel von Schillers »Maria Stuart«! (s. S. 28–33)
- Recht und Unrecht als zentrale Thematik des Dramas »Maria Stuart« (s. S. 46–50)
- Schillers Kritik am Absolutismus in seinem Drama »Maria Stuart« (s. S. 46–50, 61f.)
- Erfüllt »Maria Stuart« den programmatischen Anspruch Schillers, wie er ihn in »Die Schaubühne als eine moralische Anstalt betrachtet« aufgestellt hat? (Ausgangspunkt: S. 51f.)
- Warum steht Maria Stuart am Ende als moralische Gewinnerin, Elisabeth als moralische Verliererin da? (s. S. 42–46, 47–50)
- Eine vergleichende Charakteristik von Maria Stuart und Elisabeth (s. S. 42–45, 47–50, 58–59)
- Charakter und Funktion der wichtigsten Nebenfiguren (Leicester, Burleigh, Mortimer, Shrewsbury) (s. S. 7, 45, 48–50)
- Schillers Frauenbild in »Maria Stuart« (s. S. 56–59)

? 2. Die Diskrepanz von Sein und Schein

Zeigen Sie, daß die **Diskrepanz von Sein und Schein** ein zentrales Motiv in »Maria Stuart« ist!

! Lösungstip

Gliederungsvorschlag mit Bearbeitungshinweisen:

1. Sein und Schein auf der **Ebene der Handlung**

1.1 **Intrigen und Täuschungsmanöver** Leicesters (II/9; IV/6), Mortimers (II/4–6), Burleighs (I/8) und Elisabeths (II/5)

1.2 Momente, in denen **Figuren bzw. Zuschauer fälschlich glauben, die weitere Handlung zu kennen**: z.B. Elisabeths Hoffnung auf Triumph (II/9) – tatsächliche Niederlage (III/4); Marias Hoffnung auf Rettung (III/1) – Beschleunigung ihres Untergangs (III/4); Leicesters scheinbare Niederlage – seine Rettung (IV/3–6)

1.3 Die **Gesamtkonzeption der Handlung**: Sämtliche Handlungsstränge, die Marias Tod verhindern wollen, beschleunigen diesen: Leicesters Bemühungen um das Königinnentreffen, Mortimers Befreiungsplan, Shrewsburys Rede (dieser führt in IV/9 Elisabeths Abhängigkeit vom Volk als Argument gegen Marias Hinrichtung an, bewirkt aber damit, daß Elisabeth in IV/10 gerade wegen der Abhängigkeit das Urteil unterzeichnet)

2. Sein und Schein bei der **Figurencharakteristik**

2.1 **Burleigh:** persönlich absolut ehrlich; intrigantes Handeln (Meuchelmordplan; Verhalten gegenüber Leicester nach dem Königinnentreffen) aus nicht-egoistischen Motiven heraus (Wohl des Staates)

2.2 **Leicester:** Leben unter dem totalen Schein aus Egoismus

2.3 **Elisabeth:** Leben unter dem totalen Schein wegen ihrer Persönlichkeitsproblematik (Verdrängung des Weiblichen, Minderwertigkeitskomplex; s. S. 45f., 49, 58–59)

2.4 **Maria:** versucht nur einmal (III/4) Schein aufzubauen (Erniedrigung), mißlingt aber; sie repräsentiert in ihren Lastern wie in ihren Stärken die Wahrhaftigkeit

3. Diskrepanz von Sein und Schein als Teil der von Schiller getragenen **bürgerlichen Kritik am Absolutismus** (s. 47–50)

4. Das Sein-Schein-Motiv und **Schillers Philosophie** (Schein als unmoralisches Tun, resultiert aus Triebnatur, führt zur Fremdbestimmtheit; Sein als moralisches Gebot und Weg zur Autonomie; s. S. 39–43)

? 3. Szenenanalyse II/5

Analysieren Sie die **Szene II/5**, und gehen Sie dabei schwerpunktmäßig auf das **Gesprächsverhalten** Elisabeths und Mortimers ein!

! Lösungstip

Gliederungsvorschlag mit Bearbeitungshinweisen:

1. **Inhaltsangabe**

2. **Szenenanalyse**

2.1 **Absichten der Beteiligten, Ausgangspunkt des Gesprächs**

– Elisabeth sucht Helfer für Meuchelmord nach Fehlschlag von Burleigh in I/8; hält Mortimer für geschickten Spion und Anhänger (vgl. „Gesinnungsprüfung" in II/4)

– Mortimer ohne bestimmte Absicht; nutzt Gelegenheit, um seine Grundinteressen zu befördern (vgl. II/6)

2.2 **Analyse des Gesprächsverlaufs**

2.2.1 **Eröffnungsphase**

– vorsichtiges Herantasten Elisabeths (zur Absicherung, falls Mortimer Ablehnung zeigt); schmeichelt ihm; prophezeit ihm Karriere dank ihrer Macht (V. 1572–1579)

- Mortimers unverbindliche Ergebenheitserklärung (V. 1580f.)

2.2.2 **Schrittweise Annäherung der Gesprächspartner**

- Elisabeth: schildert Bedrohungen; Maria (deren Name sie aber nicht nennt!) als Ursache (V. 1582–1588)
- Mortimer tut naiv, zwingt sie durch seine Aussage zugleich, deutlicher zu werden (V. 1589)
- Elisabeth stellt Verzwicktheit ihrer Lage dar; Taktik: in Mortimer loyalen, starken Mann ansprechen, der sie, die schwache Frau, beschützt (V. 1590–1599)
- Mortimer wieder naiv; ignoriert ihren heimlichen Appell, indem er ausgerechnet ihre Stärke betont (V. 1599f.) – setzt sich keiner Gefahr aus, zwingt sie, deutlicher zu werden, läßt sie zappeln – Elisabeth hat ihren Meister gefunden!
- Elisabeth muß relativ deutlich werden (V. 1601–1609)
- Mortimer tut, als verstehe er sie, deutet aber die Tat auch nur an (unvollendeter, fragender Satz), zwingt sie zu weiterem Engagement (V. 1610)
- Elisabeth (schnell) nimmt Andeutung auf, vollendet sie wieder nicht; schmeichelt Mortimer, um ihn einzuwickeln (V. 1610–1614)
- Mortimer zunächst betroffen (riecht Gefahr!) (V. 1614)
- Elisabeth verrät Kenntnis von Burleighs Versuch (V. 1615)
- Mortimer: deutet durch Selbstlob Zustimmung an; braucht Auftrag, um eigene Pläne zu sichern! (V. 1616–1619)
- Elisabeth: wieder schnell, wieder nur andeutend (V. 1619)
- Mortimers Zustimmung – ohne das Wort „Mord“ auszusprechen (V. 1620f.): Höhepunkt der Szene

2.2.3 **Ausklang**

- Elisabeths Zufriedenheit (V. 1621–1624), Mortimers Bekräftigung (V. 1624)
- quasi Klärung von Organisatorischem: Termin der Aktion (V. 1625f.)
- Elisabeths Angebot zusätzlicher Belohnung: eine Nacht mit ihr (V. 1627–31)!

2.3 **Zusammenfassende Charakterisierung der gesprächstaktischen Mittel beider Figuren**

- Elisabeth: Schmeichelei, Angebote, Andeutungen
- Mortimer: Schmeichelei, stellt sich naiv, Andeutungen
- Mortimer ist der geschicktere der beiden! (vgl. schon Elisabeths viel höheren Gesprächsanteil)

2.4 **Gesprächsergebnis**

- aus Elisabeths Sicht ein Erfolg, tatsächlich Mißerfolg
- Mortimer als wahrer Gewinner (Zeitgewinn; Sicherung von Marias Leben, weil Elisabeth kaum noch anderen beauftragen dürfte) – vgl. II/6

3. **Einordnung der Szene in den Gesamttext**

3.1 **Bedeutung der Szene für die Handlungsstränge**

- scheinbare Förderung, aber faktische Beendigung des Meuchelmordplans
- Stärkung der retardierenden Mortimer-Handlung
- Hemmung der Haupthandlung: Mortimer kann erwarten, daß Elisabeth das Urteil in nächster Zeit nicht unterzeichnet
- insgesamt: Stärkung retardierender Bewegung; bedeutsame Szene trotz Kürze

3.2 **Bedeutung der Szene für Figurencharakteristik**

- Enthüllung von Elisabeths tatsächlicher Einstellung; bislang gab sie sich immer unentschieden
- Irritation bzgl. Mortimers Charakter (vgl. bisherige Wechselbäder: I/3 – I/6 – II/4): Mortimer besonders abgefeimter Parteigänger Elisabeths?
- Klärung erst (und eindeutig) in Folgeszene II/6

3.3 **Thematische Bedeutung der Szene**

- Entfaltung des Sein-Schein-Themas in der Gesprächsführung und bzgl. Mortimer-Charakteristik
- indirekt: Kritik am absolutistischen System (vgl. S. 46–50)

Weitere häufig von Lehrern gewählte Textanalyse-Szenen:
II/9, IV/6, IV/9, IV/10, V/7; I/7 und II/8 sind für Klausuren zu lang, für Hausaufsätze aber gut geeignet; I/1 und III/4 werden meist ausführlich im Unterricht besprochen.